경  저항

공무원연금, 국민연금, 기초연금 개악의 쟁점과 투쟁의 과제

박천석·최미진·장호종 지음

노동자연대

지은이 소개

**박천석** 전국공무원노동조합 마포구지부장, 전국공무원노동조합 연금강사단
(이 소책자는 개인 자격으로 쓴 것이다.)

**최미진** 노동자연대 운영위원

**장호종** 〈노동자 연대〉 복지 담당 기자

경제 위기, 연금 개악 그리고 저항
공무원연금, 국민연금, 기초연금 개악의 쟁점과 투쟁의 과제

지은이   박천석·최미진·장호종
펴낸곳   노동자연대

등 록   2012년 6월 11일(제 399-2012-000020호)
전 화   02-2271-2395
팩 스   02-2271-2396

mail@workerssolidarity.org
http://www.workerssolidarity.org/

발행일   1판   2014년 11월 1일
        2판   2014년 11월 8일

값  3,500 원

ISBN 979-11-8518421-0

잘못된 책은 바꿔 드립니다.

**차례**

# 머리말

박근혜 정부 2년이 지나고 있는 지금, 공무원연금이 중요한 쟁점으로 부상했다. 박근혜는 공무원연금 삭감을 올해 안에 처리하라고 강력히 압박하고 있다.

1년 전에 노동자연대가 《기초연금, 국민연금, 공무원연금 개악의 쟁점 ― 우리의 미래를 위한 투쟁과 대안》을 발행한 뒤, 박근혜 정부의 연금 정책 전체 윤곽이 더 선명해졌다. '모든 어르신에게 기초연금 20만 원' 공약은 결국 사기극으로 입증됐다. 2014년 8월에는 '사적 연금 활성화 대책'이 발표됐다. 그로부터 한 달 뒤, 공무원연금 삭감안이 나왔다.

이 소책자는 본격화된 정부의 연금 개악 방향과 문제점, 그리고 이를 둘러싼 진보 운동 내의 쟁점들을 다루기 위해 새롭게 썼다. 특히, 지금 투쟁의 쟁점으로 부상한 공무원연금 부분을 자세히 다뤘다.

이 소책자는 각각의 연금 개악 문제를 다루기 전에 먼저, 경제 위기 속에서 자본주의 정부들이 재정을 삭감하기 위해 공적 연금을 총체적으로 개악해 온 과정을 다룬다. 한국 정부도 비슷한 과정을 밟으며 노동자들에게 고통을 전가했음을 보여 준다. 이 소책자는 이를 통해 각각의 연금 공격이 서로 연관돼 있다고 주장한다.

그 다음으로는 한국의 주요 공적 연금인 기초연금, 공무원연금, 국민연금을 둘러싼 쟁점과 투쟁의 과제를 다뤘다.

정부가 연금 개악이 불가피하다는 근거로 내세우는 고령화, 재정안정화, 미래 세대 부담 등에 대해 낱낱이 반박하고 있다. 또, 재정 위기의 책임이 노동자에게 없으므로 진정한 해결책은 노동자끼리의 고통 분담이 아니라 부자 증세에 있다는 좌파적 대안을 제시하고 있다.

공무원연금 관련 장에서는 정부가 제기하는 개악의 논리 비판과 진보진영 내의 논쟁을 다루고 있다. 우선, 정부가 공무원연금에 대해 퍼트리는 온갖 거짓말과 이간질을 낱낱이 반박한다. 그리고 현재 진보진영 내에서 논의되고 있는 여러 '개혁안'을 살펴 보며, 우선 당면한 정부의 연금 삭감에 유보 없이 일관되게 반대하는 것이 중요하다고 주장한다. 그래야 노동자들에게 유리한 제대로 된 연금 '개혁' 논의도 가능할 것이다.

이와 더불어 이 소책자는 연금 개악에 맞서 어떻게 싸울 것인가에 대해서 다루고 있다.

정부는 공무원 '철밥통' 비난을 퍼부으며 노동자들을 이간질

하려 한다. 이것은 공무원연금 방어 투쟁에 대한 지지를 넓히는 데 걸림돌로 작용할 수 있다. 또, 공공부문 공격에 맞선 투쟁이 각개 격파될 위험도 있다. 따라서 정부의 이간질에 효과적으로 맞서기 위해 노동계급을 단결시킬 수 있는 정치가 중요하다.

이런 맥락에서, 이 소책자는 공무원연금 삭감이 공공부문 공격의 일환으로 벌어지고 있고, 공무원연금 방어 운동은 공공서비스 방어와 연결해 연대를 확대해야 한다고 주장한다. 또한, 공무원연금 삭감이 지금 신자유주의 공세의 최전선에 있는 만큼, 민주노총과 그 주요 노조들도 공무원연금 방어에 적극 나서야 한다는 점을 강조하고 있다.

이 소책자는 연대 확대와 더불어 공무원·교사 노동자들 자신의 단호한 투쟁도 중요하다고 주장한다. 박근혜 정부의 강경함에 맞서려면 노동자들이 자신들의 힘을 최대한 발휘해야 한다. 공무원노조·전교조는 단체행동권이 박탈된 노조임에도 어려운 조건 속에서 저항을 이어 왔고, 이것은 크고 작은 성과를 거두기도 했다. 이런 투쟁 잠재력은 여전히 있다. 한편, 지난 투쟁 과정에서는 약점도 있었다. 이 소책자는 지난 공무원·교사 노동자들의 연금 개악 저지 투쟁 과정을 돌아보며 현재의 투쟁에 적용할 수 있는 교훈도 다루고자 했다.

또 지금 진보진영 내에서 광범하게 제기되고 있는 '공무원연금 개혁을 위한 사회적 협의체' 요구에 대해서도, 지금의 구체적 맥락과 노동운동의 역사를 살펴 보며 어떻게 봐야 할지 다뤘다.

마지막으로, 이 소책자는 노동자들의 안정적 노후 보장과 연금 불평등 완화, 공적 연금의 상향 평준화를 위해 필요한 요구를 정리했다. '공적 연금 강화를 위한 우리의 요구'가 바로 이 내용을 제시한 장이다.

뜨거운 쟁점으로 부상한 연금 문제를 이해하는 데 이 소책자가 도움이 되길 바란다. 무엇보다 이 소책자가 정부의 연금 삭감 공격에 맞선 노동자 투쟁의 효과적인 무기가 되길 바란다.

2014년 10월
필자들을 대표해, 최미진

# 연금에 대한 총체적인 공격들 —
# 왜, 어떻게 진행되고 있나?

1970년대 세계경제가 불황의 늪에 빠져들자, 주요 자본주의 국가들은 신자유주의 정책들을 도입하기 시작했다. 신자유주의는 경제 위기의 고통을 노동계급에게 떠넘기기 위한 일련의 정책들이다. 민영화, 공공 서비스와 복지 삭감, 임금 삭감과 고용 유연화가 그 핵심 내용이다.

연금에 대한 체계적인 공격도 이런 신자유주의적 공격의 일환이다. 신자유주의로 악명 높은 영국의 대처 정부가 집권 후 공적 연금을 공격한 것이 대표적이다.

이런 배경 속에서 세계은행과 OECD는 1990년대 이래로 '다층 연금 체계' 도입을 권유해 왔다. 그 핵심은 기초연금(1층)과 국민연금, 국가·기업주가 지급하는 직업별연금(2층) 외에 개

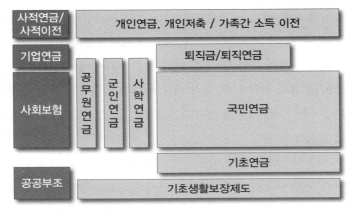

그림1. 다층 연금 체계

인들이 가입하는 사적 연금(3층)이 한 층 더 필요하다는 것이었다.(그림 1)

'다층 연금 체계'라는 말은 얼핏 좋은 말처럼 들릴 수 있다. 그러나 결국 그 내용은 첫째, 공적 연금을 약화시킨다는 것이고, 둘째, 이로 인해 깎여 나간 노후 소득은 개개인들이 민간보험에 가입해 각자 해결하라는 것을 뜻하는 사악한 프로젝트일 뿐이다.

실제로 신자유주의 시대에 주요 자본주의 국가들은 기초연금과 국민연금, 직업별 연금에 대한 공격을 지속적으로 추진해 왔다. 그 내용은 더 내고, 덜 받고, 더 늦게 받도록 여러 가지 방식을 사용하는 것이었다. 이와 더불어 각국 정부들은 노동자들에게 노후 불안을 부추기며 민간 보험에 가입하도록 유도해 왔다. 이 프로젝트로 이득을 본 것은 보험회사들뿐이다.

한국 정부의 연금 '개혁'도 이와 같은 맥락에서 이뤄져 왔다. 1997년 경제 위기 이후 공적 연금에 대한 공격이 시작됐다. 김대중 정부부터 박근혜 정부까지 역대 정부들은 공적 연금을 거듭 삭감해 왔다.

지금 박근혜 정부는 미국의 양적 완화 종료, 중국 경제의 성장률 둔화 등으로 세계경제가 또다시 악화할 전망이 보이자 재정 지출 삭감에 혈안이 돼 있다. 그래서 올해 초 '경제혁신 3개년 계획'에서 공공부문 공격을 핵심으로 꼽았고, 그 일환으로 공적 연금 삭감을 손수 '개혁' 과제에 포함시켰다.

한국에서도 연금은 더 내고, 덜 받고, 더 늦게 받는 방향으로 개악돼 왔고, 기초연금, 국민연금, 공무원연금(이와 연동된 사학연금) 모두 공격 대상이 됐다.

● 국민연금은 지금까지 크게 두 차례 개악됐다. 1998년 김대중 정부는 국민연금의 소득대체율(퇴직 전 소득 대비 연금 액수)을 70퍼센트에서 60퍼센트로 떨어뜨렸다. 보험료를 3퍼센트에서 9퍼센트로 인상하고, 연금 수급 시작 연령도 60세에서 65세로 단계적으로 늦췄다.

이것도 모자라 노무현 정부는 국민연금의 소득대체율을 60퍼센트에서 40퍼센트(2028년까지 단계적으로 인하)로 더 삭감했다. 그나마 이것은 연금 보험료를 40년 동안 냈을 때의 얘기다. 40년 동안 일자리를 유지할 수도 없고 연금 보험료를 꼬박꼬박 낼 여력도 없는 사람들이 대부분이다. 그래서 국민연금의 실제 소득대체율은 20퍼센트 수준밖에 되지 않는다.

국민연금 평균 수령액은 30만 원밖에 되지 않는다(2014년 8월 기준). 노후 소득 보장 기능이 거의 없는 그야말로 '용돈 연금'인 것이다.

그런데도 지배자들은 호시탐탐 추가 개악을 노리고 있다. 지난해 국민연금발전위는 '더 내고 그대로 받는' 개악안을 제시했다.

● 박근혜 정부의 기초연금 대선 공약은 결국 사기로 드러났다. 2014년 국감에서 남윤인순 의원이 제출한 자료를 보면, 2014년 9월 현재 기초연금 20만 원 전액을 받은 노인은 전체의 37.3퍼센트에 불과했고, 이 수치는 앞으로 계속 떨어질 전망이다.

● 공무원연금도 지금까지 여러 차례 개악됐다. 공무원 노동자가 내는 기여금(보험료) 비율도 올랐고, 연금기준액이 퇴직 당시 보수→퇴직 전 3년 간 평균 보수→재직 전 기간 평균 소득으로 계속 떨어졌다.

2010년 개악 때는 신규 공무원의 연금 지급률을 대폭 삭감했다. 연금 지급 연령도 60세에서 65세로 늦추고, 유족연금도 삭감했다. 정부는 이제 2010년 이전 재직자들도 신규자들과 마찬가지로 연금 수급 연령을 65세로 늦추려 한다. 퇴직하고 5년 후에나 연금을 받으라는 것이다.

이제 정부는 급기야 공무원연금을 국민연금 수준으로 떨어뜨리려 한다.

● 너무나 빈약한 공적 연금 때문에 한국의 노인 빈곤률은 OECD 1위(노인 절반이 빈곤층)이고, 노인 자살률도 최고다. 이런 박한 연금은 세계적으로도 유례가 없다. 한국에서는 국민연금과 기초연금 제도가 안착되기도 전에 대폭 삭감돼 노동자 대부분은 현재 세대든 미래 세대든 용돈 수준의 국민연금밖에 못 받게 됐다.

● 이 모든 연금 삭감의 종착역은 공적 연금의 하향평준화다. 정부는 국민연금과 기초연금을 먼저 부실하게 만들어 놓고, 그것을 기준으로 공무원연금도 낮추라고 말한다. 이렇게 공적 연금 전반을 부실하게 만들고, 사적 연금은 활성화하려는 것이 지배자들의 연금 개악 방향이다. 정부는 2014년 8월에 '사적 연금 활성화 대책'을 발표했다.

이처럼 각각의 공적 연금 공격은 서로 밀접히 연관돼 있다. 정부는 재정안정화를 명분으로 앞서거나 뒤서거니 하며 공적 연금 일체를 공격해 왔다. 그나마 공무원연금이 부분적 삭감에도 불구하고 아직 연금다운 연금으로 남아 있는 것은 공무원 노동자들이 조직돼 있어 집단적 저항이 가능했기 때문이다.

정부는 각각의 연금 공격이 서로 무관한 것처럼 '공무원 철밥통'론 따위로 노동자들을 이간질한다. 그러나 정부는 오로지 공적 연금 전체를 약화시키는 데만 관심이 있다. 노동운동과 진보진영은 이 점을 직시하고, 모든 공적 연금 삭감에 반대해야 한다.

정부는 연금 삭감으로 경제 위기의 고통을 노동자들에게 떠넘기려 하지만, 경제 위기는 노동자 탓이 아니다. 그동안 각국 정부가 신자유주의를 강화했어도 경제는 살아나지 못했다. 오히려 2008년에 또 한 번 세계경제 위기가 찾아왔고, 아직도 세계경제는 그 후유증에 허덕이고 있다.

경제 위기는 자본주의의 맹목적 이윤 경쟁이 낳은 끔찍한 결과일 뿐, 노동자들 탓이 아니다. 따라서 그 책임도 국가와 기업주들이 져야 마땅하다.

# 공약 사기로 막을 내린 기초연금

2014년 5월, 기초연금법이 통과됐다. 박근혜는 대선 공약으로 '모든 노인에게 기초연금 20만 원씩 주겠다'고 현혹하면서 표를 구했다. 그러나 당선하자 새누리당 대표 황우여는 "공약 내용이 무조건 모든 분들한테 20만 원을 드린다는 게 아니었다"며 뒤통수를 쳤다.

기초연금이 처음 도입된 것은 2007년이다. 노무현 정부는 2007년 국민연금 개악을 밀어붙이면서, 그 대신 기초노령연금을 도입하겠다고 생색을 냈다. 그러나 이것은 '모든 노인의 기초 생계 유지'와는 거리가 먼 액수였다. 소득 하위 60퍼센트에게 고작 9만 원가량(국민연금 가입자 평균소득의 5퍼센트)을 지급하는 게 전부였다.

당시 부칙으로 '2028년까지 10퍼센트로 인상한다'고 정했지만, 그 구체적 실행방식을 유보해 이명박 정부 동안 전혀 인상

되지 않았다.

박근혜는 이렇게 빈약한 노령연금이 두 배로 인상될 거라는 실낱 같은 기대에 또다시 찬물을 끼얹었었다.

첫째, '모든 노인에게' 보편적으로 지급한다던 약속은 소득 수준 하위 70퍼센트에게만 지급하는 것으로 바뀌었다. 2014년 기준, 하위 70퍼센트 선정기준액은 독거 노인의 경우 87만 원, 배우자가 있는 노인은 1백39만 2천 원이다. 이보다 소득이 많은 노인에게는 기초연금을 아예 안 준다.

둘째, 국민연금에 가입한 기간에 따라 기초연금을 삭감하도록 했다.

2007년에 국민연금이 개악돼 앞으로 국민연금 지급률은 더 떨어지게 돼 있는데, 이번 개악에 따르면 국민연금 가입 기간이 길다고 기초연금을 받지 못하게 된다. 이 때문에 저소득층 중 일부는 기초연금을 받으려고 국민연금을 탈퇴하는 일까지 벌어지고 있다.

셋째, 연금액을 계산하는 기준을 국민연금 가입자의 평균소득이 아니라, 물가로 바꿔 놓았다. 정부의 장기재정추계를 보면, 앞으로 물가보다 소득이 더 빨리 증가할 것으로 예상된다.

결국, 당장은 지금보다 기초연금을 더 받는 노인이 생기지만, 10여 년이 지나면 기존의 기초노령연금 때보다 적은 액수가 지급된다(그림 2).

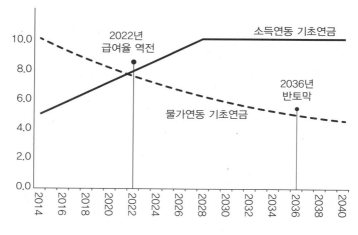

그림 2. 기초연금 미래 비교: 물가연동과 소득연동 방식[1]

넷째, 기초생활 수급 노인들은 기초연금의 혜택에서 배제된다. 현재 기초생활 수급 노인은 40만 명이다. 이들은 한국에서 가장 가난한 노인들이다. 이들에게는 기초생활 생계 급여와 기초연금을 모두 지급해야 옳다. 그런데 정부는 이들이 기초연금을 받는다는 이유로 기초생활 생계 급여를 그만큼 깎는다. 말 그대로 '줬다 뺏기'다. 가장 가난한 노인들일수록 기초연금 혜택을 받지 못하는 모순이 벌어지고 있는 것이다.

결국, 정부는 모든 수단을 동원해 '모든 노인에게 기초연금 20만 원 지급'을 막는 방향으로 개악한 것이다.

## 사기극의 공범 새정치민주연합

새정치민주연합 지도부는 사기극의 공범이다. 새정치민주연합 공동대표였던 안철수는 기초연금법 제정 전부터 '기초연금을 소득과 연계하자'며 후퇴의 길을 암시한 바 있다. 기초연금법이 보건복지위와 법사위를 거쳐 국회 본회의까지 초고속으로 통과될 수 있었던 것은 안철수 등 새정치민주연합 지도부의 협조 덕분이었다. '새누리당 2중대' 구실을 톡톡히 한 것이다.

당시 새정치민주연합 내 일부 의원들은 안철수의 배신에 공조하진 않았지만, 이후 이들은 대선 공약 원상 복구가 아니라 하위 70퍼센트에게만 기초연금을 지급하는 것으로 일부 후퇴한 안을 발의했다(여기에는 심상정 의원 등 정의당 의원들도 포함돼 있다).

기초연금은 원래 대선 공약대로 '모든 노인에게 20만 원(국민연금 가입자 평균소득의 10퍼센트)' 지급돼야 한다.

# 공무원연금 개악을 둘러싼 쟁점과 대안

## 역대 최악의 공무원연금 개악안

박근혜 정부는 역대 최악의 공무원연금 개악안을 밀어붙이고 있다. 새누리당이 발표한 안을 보면 재직공무원은 43퍼센트 더 내고 34퍼센트 덜 받고 최대 65세까지 더 늦게 받게 된다. 기존 수급자의 연금도 2~4퍼센트 깎겠다고 한다.

평균 수명대로 산다고 가정하면 1996년 9급으로 들어 온 재직자는 6천만 원, 2006년에 들어 온 재직자는 1억 3천만 원이 줄게 된다. 2015년 신규자의 경우 삭감액은 8천만 원이지만 연금수익비가 1.13으로 어지간한 예금 이자보다도 낮아진다.

2016년 이후 들어오는 신규자는 국민연금과 똑같은 기여율과 급여율을 적용해 '공무원연금'이라고 할 수 없게 될 정도다. 장차 공무원연금을 없애고 국민연금과 하향 통합하겠다는 것이다. 정부는 2010년 공무원연금 개악 때와 마찬가지로 미래의 공무원이 될 청년을 속죄양 삼고, 신규 공무원과 재직 공무원들을 차별해 분열을 조장하고 있다.

게다가 이번 개악안은 연금액을 매년 물가인상률보다 낮게 인상하는 '자동안정화 장치'도 추가했다. 연금법을 개정할 필요도 없이 매년 연금의 실질 가치가 자동으로 낮아지도록 한 것이다.

이명박 정부 당시 개악은 "10년간 14조의 공무원 임금을 삭감"하는 효과가 있었지만 새누리당은 이번 개악으로 2016~2027년 기간에 47.7조 원의 공무원 연금을 삭감하겠다고 한다.

박근혜 정부는 공무원 노동자들의 반발을 우려해 퇴직금을 민간기업 수준으로 지급하겠다고 한다. 그러나 설사 그렇게 한다 해도 연금을 그대로 받는 것보다는 손해다. 게다가 퇴직연금을 도입하면 민간 보험회사 수중에 연금이 맡겨져 노동자들의 노후가 시장의 불안정성에 내맡겨질 것이다.

새누리당은 이번 조처에 '하후상박' 개혁을 포함시켰다며 크게 인심이라도 쓴 듯이 생색을 냈다. 연금 수령액을 정할 때 전체 공무원 평균소득을 반영하겠다는 것이다.

그러나 워낙 삭감폭 자체가 커서 '하후'는 없다. 상부든 하부든 모두 연금이 삭감되는 '하박상박'일 뿐이다. 1백만 원 가까이 삭감되는 사람들 중에는 고위직 공무원들뿐 아니라 교사와 연구직·계약직 공무원도 다수 포함된다.

일부 고위 공무원들의 수령액을 깎겠다는 내용이 포함되긴 했다. 그러나 그만큼 기여금도 덜 내게 되므로 소득재분배 기능이 있다고 보기도 어렵다. 이렇게 깎은 연금이 하위직 공무원에게 가지도 않는다. 재정안정화 기여금도 상위 33퍼센트는 4퍼센트씩, 하위 33퍼센트는 2퍼센트씩 걷을 뿐 그 돈을 하위직 노동자에게 주지는 않는다.

## 공무원연금에 관한 거짓과 진실

### 재정 적자 때문에 삭감? - 부자에게 더 많은 세금을!

정부는 공무원연금 때문에 매년 2조~3조 원의 재정 적자가 발생한다며 조만간 국가 재정이 파탄날 것처럼 호들갑을 떨고 있다. 진보진영 안에서도 재정 적자를 우려해 공무원연금 개악 자체는 불가피하다고 보는 사람들이 있다.

'내가만드는복지국가' 오건호 공동운영위원장은 "재정 상황이 압박 받을 수 있다는 점을 뻔히 알면서도, 오로지 공무원연금 권리"만 주장하면 안 된다고 한다.

그러나 기업주·부자 들에게 연간 수십조 원의 감세 혜택을 주는 정부가, 공무원 노동자 1백만 명의 노후를 위해 쓸 돈이 없다고 엄살을 부리는 것은 역겨운 일이다.

게다가 OECD 국가 중 공무원연금에 대한 국가의 투자가 한국만큼 적은 곳은 별로 없다. OECD 주요국 공무원연금 지출 비율을 비교해 보면 한국은 GDP의 0.6퍼센트밖에 안되는 반면, OECD평균은 1.5퍼센트다. 독일 공무원연금의 경우 노동자가 기여금을 한 푼도 내지 않고 정부가 전액 부담한다.

정부가 평범한 노동자들에게서 더 많은 돈을 걸을 것이 아니라 이명박 정부 때 깎아 준 부자 세금부터 원상회복해야 한다. 그 돈이면 공무원연금 부족분을 모두 지출하고, 남는 돈으로는 기초연금을 갑절로 인상할 수 있다.

무엇보다 국가 재정 운영의 우선순위를 바꿔야 한다. 한국은 2013년 군사비 지출이 세계 10위다. 무기수입은 세계 8위다.[2] 노인들은 생계비가 없어서 스스로 목숨을 끊는데 정부는 군사비에 엄청난 돈을 쓰고 있다. 한국은 OECD국가 가운데 노인 빈곤율과 자살률이 1위다.

한국의 소득 상위 10퍼센트가 전체 소득의 45퍼센트를 벌고 있다. 기업 저축은 해가 지날수록 늘어만 가는데 애초 감세의 명분이었던 투자는 늘지 않고 있다. 그 결과 기업이 사내유보금으로 쌓아 둔 돈만 무려 1천조 원에 달한다. 심지어 기재부 장관 최경환조차 법인세 인하가 전혀 효과가 없었음을 인정할 정도다.

따라서 정부가 부자들에게 더 많은 세금을 걷고, 군사비가 아닌 복지에 더 많은 재원을 투입한다면 공무원이든 민간부문이든 평범한 대다수 노동자들의 안정적인 노후를 보장할 수 있다.

### 공무원 노동자는 '철밥통'? – 진정한 철밥통은 따로 있다!

정부와 언론은 민간 부문 노동자들과 비교하며 공무원 노동자들은 '특혜'를 받고 있는 '철밥통'이라고 비난한다. 그러나 고위직 공무원과 달리 하위직 공무원 노동자들은 '특혜'라고 할 만한 것을 누리고 있지 못하다.

공무원연금은 재직 시 낮은 임금을 퇴직 후에 받는 후불임금의 성격이 있다. 공무원 노동자들은 퇴직금과 각종 수당, 산재보험과 고용보험에서도 불이익을 받고 있다.

2005년부터 2010년까지 공무원 노동자들의 임금인상률은 물가인상률에도 미치지 못했고, 2009~10년은 아예 동결됐다. 일반직공무원은 1백 인 이상 민간 사업장 노동자 임금의 77.6퍼센트를 받는다(2013년 기준, 안행부 연구용역보고서). IMF 경제 위기 직후인 1998년보다도 민간부문 대비 임금이 낮다. 또, 30세부터 60세까지 받게 될 생애임금은 9급 입직 공무원이 민간부문보다 4억 4백78만 원 적다.[3] 반면, 5급 입직 고위 공무원들은 민간부문보다 3억 원 이상 많이 받으면서도, 연금 등 커다란 혜택을 받고 있다.

게다가 하위직 공무원은 과로에 시달리고 있다. 2011년 구제

역 사태로 9명이 사망했고, 1백52명이 상해를 입었다. 지난해 업무 폭증으로 사회복지 공무원 4명이 자살하고 1명이 과로사할 정도로 노동조건이 열악하다.

공무원 정년 보장도 과장돼 있다. 2013년 공무원 퇴직자의 평균 퇴직 연령은 50.4세였다. 같은 시기 2백83개 민간기업을 대상으로 조사한 결과 평균 퇴사 연령은 51세였다.[4] 공무원 평균 퇴직 연령과 비슷하다. 이게 '특권층'이라 불리는 공무원 노동자들의 현실이다.

반면 진정한 특권층은 따로 있다.

"악화되는 연금 재정 상황과 국민연금과의 형평을 고려할 때 공무원연금 개혁은 불가피[하다]"던 국무총리 정홍원은 2004년에 퇴임하면서 매달 4백28만 원의 공무원연금을 받았다. 당시 평균 공무원연금 수급액은 1백79만 원이었다. 2006년에는 법무법인의 상임고문으로 월급 3천만 원을 받으면서도 매달 연금으로 2백35만 원씩 받아갔다.

대통령은 기여금 한 푼 내지 않아도 연금을 보장받는다. 전직 대통령은 현직 대통령 보수의 95퍼센트를 연금으로 받는다. 매달 1천만 원이 넘는 연금을 받는 것이다! 여기에 비서관 3명과 운전기사 1명도 둘 수 있다. 교통·통신비는 물론이고, 본인과 가족의 치료비도 지원받는다. 이를 위해 2014년에만 총 20억 원의 예산이 책정됐다.

국회의원들은 4년 동안 연봉 1억 4천여만 원에 온갖 특혜와 부수입을 얻고도 해마다 스스로 연봉을 올린다. 그러고도 19대 이전 국회의원들은 한 번 국회의원을 하면 65세 이후 매달 연금 1백20만 원을 받을 수 있다.

이런 자들이 공무원 노동자들을 '철밥통'이라고 비난하는 것은 어처구니없는 일이다.

## 국민연금과의 '형평성'? – 상향평준화가 대안

공무원연금 개악을 주도하는 세력들은 '국민연금이 열악한데, 공무원들만 특혜를 누리느냐'며 '형평성'에 맞지 않다고 주장한다. 진보진영 일각에서도 형평성 때문에 공무원연금을 낮춰야 한다고 주장한다.

그러나 정부는 형평성에는 별 관심이 없고, 연금 전체를 깎는 데만 관심이 있다. 공무원연금 삭감을 추진하는 자들은 그동안 국민연금과 기초연금도 누더기로 만들어 왔던 당사자들이다. 문형표 보건복지부 장관은 국민연금 삭감을 적극 주장해 왔고, 변질된 기초연금 도입도 주도했다.

이들은 국민연금과 기초연금을 먼저 부실하게 만들어 놓고, 그것을 기준으로 공무원연금도 낮추라고 말한다. 이를 위해 정부는 공무원과 다른 부문 노동자들 사이의 분열을 꾀한다.

문제의 핵심은 국민연금과 공무원연금 사이의 액수 차이가 아니라, 국민연금이 너무나 열악해 노후 소득 보장이 안 된다는 것이다. 따라서 국민연금을 공무원연금 수준으로 상향평준화하는 것이 진정한 대안이다.

## 고령화가 문제?– 더 안정적인 노후를 보장해야 한다!

정부는 공무원연금이 도입된 1960년 이래 노동자들의 평균수명이 늘어나 이제는 연금 제도의 근본적 개혁이 필요하다고 주장한다.

정부와 언론은 평범한 노동자들의 수명 연장을 축복이 아니라 재앙으로 여긴다. 정부는 공무원이 "생활수준이나 사회적 여건이 나아 일반 국민들보다 좀 더 오래 살고 있다"며 다른 부문 노동자들과 이간질까지 하고 있다.

그러나 평균수명이 늘어난 만큼 공무원 노동자들이 연금을 더 받고 있을까?

지난해 공무원연금을 받다가 사망한 2백41명의 평균 수급기간은 15.2년이었다. 이들 가운데 32명(13퍼센트)은 10년도 못 받고 사망했다. 어떤 이유에서든 연금 지급이 종결된 4천1백65명의 평균 지급기간은 12.6년이었다.

모든 공무원의 수명이 늘어난 것도 아니다. 2008년 공무원연금공단이 발표한 자료에는 '사망으로 인해 퇴직연금 수급권을 잃은 퇴직 공무원의 평균 사망 연령'은 고위직인 정무직이

72.9세인데 반해 지방 일반직은 61.1세였다. 소방공무원은 그보다 낮은 58.8세에 불과했다. 당시 소방공무원의 정년은 57세였다. 연금을 2년도 채 받지 못하고 사망한 것이다.

게다가 2010년 공무원연금 개악으로 신규 임용자는 65세부터 연금을 수령할 수 있다. 정부는 이제 이것을 전체 공무원 노동자에게 적용하려 한다.

진정 정부가 고령화 시대를 대비한다면 공무원연금을 삭감하지 말고, 공적 연금을 강화해야 한다.

## 진보진영 내 연금 개혁안 쟁점 ①
# 어떤 '하후상박'이냐가 중요하다

정부가 공무원연금 삭감을 추진하기 시작하자, 진보진영 일각에서도 '공무원연금에도 개혁이 필요한 것은 사실'이라는 주장이 나온다. '개혁'해야 할 대표적인 내용으로 꼽히는 것이 공무원연금에 하후상박 기능(소득재분배 기능)이 필요하다는 것이다.

현재 공무원연금 제도는 재직 시의 소득과 퇴직 후의 연금이 비례한다. 그래서 월급을 많이 받는 고위직일수록 연금도 많이 받는 반면, 임금이 열악한 하위직은 연금도 적게 받는 '상후하박' 구조라 할 수 있다. 소득재분배가 안 된다는 점에서 정의롭지 못한 면이 있다.

따라서 바람직하기로는 연금액이 적은 하위직 공무원 노동자들에게 더 두텁게 연금을 보장해 주는 것이 옳다. 반면, 재직 시 연봉도 매우 높고 퇴직 후 공기업이나 민간기업 '낙하산'으로 내려가 풍족한 노후를 누릴 기회가 널려 있는 고위직 공무원들은 더 내고 덜 받도록 해야 한다.

그러나 지금 정부와 새누리당이 추진하는 '하후상박 개혁'은 '삭감'의 코드명일 뿐이다. 저들은 진보진영의 무기고에서 '하후상박'이라는 용어만 훔쳐 가서 자신들의 사악한 삭감안을 그럴듯하게 치장할 뿐이다.

실제로 새누리당안은 하위직 노동자들의 연금을 더 두텁게 보장해 주는 정의로운 '하후상박'과는 거리가 멀다. 저들은 오로지 상부든 하부든 노동자들의 연금을 깎는 데만 관심이 있을 뿐이라는 것이 드러났다. 고위직 공무원들의 연금을 일부 양보할 때조차 이것은 '우리가 양보했으니 너희도 양보하라'며 노동자들의 연금을 깎기 위한 압박용일 뿐이다.

사실, 정부는 신규 공무원 노동자들에게 더 열악한 연금을 주며 '하박'을 주도해 왔다. 2010년 공무원연금 개악으로 2010년 이후 신규 공무원들의 연금액을 대폭 삭감해 공무원 노동자 내에 차별의 계단을 만들었다. 이것도 모자라, 이번 개악안은 2016년 이후 신규 공무원들의 연금을 더 큰 폭으로 삭감해 차별의 계단을 한 층 더 만들려 한다. 새누리당이 '하후상박'을 말하려면 신규 공무원들에 대한 연금 차별부터 철회해야 마땅하다.

따라서 제대로 된 하후상박을 위해서라도 일단은 노동자들이 단결해 연금 삭감에만 혈안이 된 정부의 당면 공격에 맞서 공무원연금을 지켜야 한다.

## 고액 연금 노동자 양보론의 문제점

그런데 진보진영 일각에서 나오는 '개혁' 논의는 공무원연금을 지키는 데 초점이 맞춰지기보다는, 연금 삭감의 필요성을 일부 인정하는 데서 출발하는 경우가 많다.

가령, '내가만드는복지국가' 오건호 공동운영위원장은 "공무원연금은 올해 2조 4천억 원 정도가 적자다. 그 이유 때문이라도 공무원연금 개혁은 필요하다고 본다"고 말했다. 오건호 위원장은 이를 위해 "평균 급여율은 낮춰야 한다"고 주장한다. 그리고 하후상박을 재정 절감을 위한 한 수단으로 제시한다. "평균연금액 수령자를 경계로 아래는 현행 연금 수준을 유지하되, 위는 단계적으로 낮춰가"자는 것이다. 결국 평균연금액 이상을 받는 노동자들도 "양보가 필요하다"는 것이다. 이런 입장이라면 새누리당안을 반대할지 의문이다. 실제로 오건호 위원장은 새누리당안이 소득재분배 기능을 포함했다는 이유만으로 "긍정적 진전"이라고 평했다.[5] 심지어 오건호 위원장은 "신규 공무원부터는 아예 국민연금으로 가는 것도 적극적으로 논의"해야 한다고 주장한다.

〈한겨레〉와 〈경향신문〉도 그동안 고령화와 연금 재정 악화때문에 연금 삭감은 불가피하다는 전제 속에서 '하후상박' 개혁을 강조해 왔다. 정부안이 발표된 후에도 연금 삭감 대상자가 너무 적어 재정 절감 효과가 별로 없다는 데 초점을 맞춰비판했다. 이것이 뜻하는 바는 재정 절감을 위해서는 삭감 대상자를 더 늘리라는 것이고, 이는 결국 고위직 공무원들만이아니라 노동계급의 일부도 고통을 분담해야 한다는 점을 함축하는 듯하다.

전국공무원노조 이충재 위원장도 〈한겨레〉와 한 인터뷰에서"나도 공무원의 한 사람이지만 그런[월 3백만 원을 웃도는] 고액 연금은 좀 문제가 있다 … 공무원연금을 손볼 필요는 있다"고 말했다. 또, 〈조선일보〉와의 인터뷰에서 "당·정·청은 고령화시대를 맞아 국민연금, 기초연금 개혁이란 큰 그림을 그린 뒤에공무원연금을 손봐야 하고, 그럴 경우 공무원도 손해를 감수할 수 있다" 하고 말했다.

이런 주장들은 '상대적 고액 연금 노동자 양보론'인 셈이다. 그러나 이런 입장에 따르면 '노동자 연금 삭감은 불가피하다'는 지배자들의 논리가 우리 운동 내에 파고드는 것을 막기 어렵다.

'상대적 고액 연금 노동자 양보론'을 말하는 사람들은 상대적으로 더 받는 노동자의 연금을 일부 양보하면, 국민의 지지를 획득하고 정부의 공세도 완화할 수 있다고 생각하는 듯하다.

그러나 노동자들의 양보는 정부의 기세만 올려 줄 뿐이다. 설령 상대적으로 더 받는 공무원들의 연금을 줄이더라도 적게 받는 공무원들이 수혜를 입을 가능성은 없다. 정부와 기업주들은 이러한 양보 제스처에 감동하기는커녕 이를 명분 삼아 더 밀어붙일 공산이 크다. 이들은 모두의 연금을 깎는 데만 관심이 있기 때문이다. 악마에게 손가락 하나를 내밀면 곧 몸 전체를 요구하는 법이다.

무엇보다, 노동자들 내의 양보 논리는 하위직·신규 노동자들의 연금이 적은 것이 상대적으로 더 많이 받는 노동자들 탓이 아님에도 서로를 경원시하게 만든다는 점에서 단결에도 해롭다.

고위직 공무원들과 달리, 노동자들 내에서 평균 이상으로 연금을 받는 사람들이 '특혜'를 누리는 것은 아니다. 이들도 사용자인 국가에게 착취받고 있고 공무원 노동자로서 퇴직금과 여러 수당에서 불이익을 받고 있다. 별다른 노후 소득 없이 연금에만 기대서 생활한다는 점도 똑같다. 따라서 연금을 얼마 받든, 노동자들의 처지를 현재 상태보다 깎아내리려서는 안 된다.

지금은 노동자 내부의 연금 차이를 떠나, 정부의 총체적 연금 삭감에 맞서 교사·공무원 노동자들이 단결해서 투쟁하는 것이 핵심이다.

일단 당면한 연금 삭감 공격을 저지해야만, 진정 노동자들에게 정의로운 연금 구조가 무엇인지 논의하고 개선할 여지도 생긴다.

우리는 노동자 내부의 불평등을 완화하기 위해 노력해야 한다. 하지만 그 방식도 중요하다. 상대적으로 더 많이 받는 노동자가 제 살 깎기를 해서 열악한 노동자에게 주는 것은 하향평준화일 뿐이다. 공무원 노동자가 단결해 개악을 막는 한편, 더 열악한 노동자들의 몫을 더 많이 인상하라고 요구해 노동자 몫 전체를 늘리는 방식으로 하후상박을 달성하는 대안을 추구해야 한다.

## 진보진영 내 연금 개혁안 쟁점 ②
## 국민연금과의 통합론에 대해

진보진영 일각에서는 공무원연금을 국민연금과 통합하자는 주장도 나온다.

궁극으로는 공적 연금을 한 가지로 통합하는 것이 노동자들의 단결에 더 유리할 수 있다.

그러나 지금 정부가 공무원연금을 삭감하고, 이것을 지렛대로 국민연금 추가 개악도 할 수 있다는 점을 간과해서는 안 된다.

통합 자체보다 어떤 통합이냐가 중요하다. 가령, 지역의료보험과 직장의료보험의 통합은 조직노동자들이 요구한 것일 뿐아니라, 이 통합을 통해 두 부문 가입자들의 조건이 모두 이전보다 비교적 좋아지는 상향평준화를 이룰 수 있었다. 이런 통합이라면 지지할 수 있다.

그러나 지금 정부가 하려는 것은 국민연금의 열악한 보장 수준으로 공무원연금을 끌어내리는 하향평준화다. 따라서 이에 반대해 현재의 공무원연금을 지키는 것에 분명한 초점을 둬야 한다.

세계적으로 공무원연금 등 특수 직역 연금이 별도로 존재하는 이유는 국가가 보장하는 보편연금이 도입되기 전에 직역 연금이 만들어졌기 때문이지, 공무원 노동자들이 특수성을 요구해서 생긴 것은 아니다. 게다가 한국에서는 국민연금이 '용돈연금' 수준이라 노후 소득 보장이 안 되기 때문에 직역연금을 포기할 동기가 없는 것이다.

진보진영 내에서 국민연금과 공무원연금을 통합하자고 주장하는 사람들은 국민연금을 강화해야 한다고는 보지만 공무원 노동자들의 연금 양보를 전제로 얘기하는 경우가 많다. 그러나 공무원연금 수령액은 평균 2백19만 원 정도로 2인 가구 노후 적정생계비(2백36만 원)에도 못 미칠 뿐 아니라, 재직 시 상대적으로 낮은 임금 대신 받는 후불임금의 성격이 있고, 산재보험·고용보험·퇴직금 등의 기능까지 하는 것이므로 결코 특혜라고 볼 수는 없다.

국민연금을 당연히 강화해야 한다. 하지만 그 방식은 공무원 노동자들의 희생을 요구하는 방식이 아니라, 국민연금의 소득 보장 기능과 재분배 기능을 훨씬 강화하는 것이어야 한다.

국민연금은 누진제가 아닐 뿐만 아니라, 4백8만 원 이상 소득자들은 대기업 노동자나 이건희 같은 재벌이나 똑같은 액수의 기여금을 내도록 돼 있다. 진정한 상위 부자들에게 더 많은 기여금을 매겨서 국민연금 재정을 강화하도록 해야 한다. 한국의 노인 소득에서 정부가 부담하는 '공적 이전' 비율은 OECD 최하위인데, 공적 연금에 대한 정부의 투자도 늘어나야 한다.

이를 통해 공무원연금 수준으로 국민연금을 끌어올려 상향 평준화를 이뤄야 한다.

# 어떻게 싸울 것인가?

## 공무원연금 개악은 공공부문 공격의 일환 — 공공서비스 방어와 연결해 연대를 확대해야 한다

　정부는 경제 위기 속에서 공적 연금 전반을 삭감하려 한다.
　정부의 공무원연금 개악은 박근혜가 추진하는 신자유주의적 공격들 – 민영화와 공공기관 구조조정, 공공기관 노동자들의 임금과 복지 삭감, 임금 체계 개편, 노동시간 유연화, 무상보육 예산을 지방정부와 교육청에 떠넘기기 등 –과 한 묶음으로 이뤄지고 있다.

　정부는 공무원연금을 삭감하는 것과 마찬가지로, 공공부문 전체에 대한 투자를 삭감하려 한다. 이 속에서 노동자의 안정적인 노후와 공공성, 복지는 이윤 논리와 재정 건전성 논리 따위에 밀려 뒷전이 되고 있다. 철도·의료 민영화처럼, 공공부문에 대한 투자 삭감은 안전과 생명을 위협하고 노동계급 전체에 대한 부담 떠넘기기로 귀결될 것이다.

공무원연금 개악은 국민연금 추가 개악과도 연결될 수 있다. 정부가 공무원연금을 공격하는 핵심 논리 — 고령화와 미래 세대 부담, 재정 안정 등 — 는 지배자들이 국민연금 추가 개악 논리로도 내세우는 내용들이다.

그런데 정부는 이런 공격들에 맞선 운동을 분열시키려고 이간질을 하고 있다.

정부는 재정 적자의 책임을 공무원 노동자들에게 돌리며 비난을 퍼붓고 있다. '철밥통 이기주의' 비난으로 공무원 노동자들과 다른 노동자들을 분열시켜 각개격파 하려는 것이다.

이런 이간질에 효과적으로 대처하려면 단결을 강화하는 정치가 중요하다. 지금은 정부가 공무원연금 개악을 최우선 과제로 밀어붙이고 있지만, 이것은 전체 공공부문 공격과 연결된 공격이므로 이를 이해하고 대응해야 한다.

이를 위해서는 우선 '철밥통' 이데올로기에 맞서야 한다. 정부는 공무원 노동자들이 모종의 특혜를 누리는 듯 공격하고 있지만, 실제 처지는 그렇지 않다. 앞에서도 살펴 봤듯이, 공무원 노동자들은 1백 인 이상 민간 기업 노동자들에 비해서 상대적 박봉을 받고 있다. 게다가 공무원연금은 퇴직금, 고용보험, 산재보험 등의 기능까지 다 합쳐진 것이다.

무엇보다, 모든 사람들이 안정적인 노후를 누리려면, 공무원 노동자들의 연금을 깎는 게 아니라 다른 노동자들의 연금을 공무원연금 수준으로 끌어올리는 상향평준화가 필요하다.

지금은 당면한 공무원연금 삭감을 저지하는 것이 우선이다. 진보진영 일각에서는 공무원연금에 하후상박 기능 도입, 국민연금과의 통합 등의 개혁 과제를 내놓고 있다. 그러나 지금 당면한 정부의 공격을 일관되게 반대하지 않은 채 이뤄지는 개혁 논의는 양보와 후퇴의 논리로 이어질 수 있다.(이에 대해서는 3장 참고)

공무원연금 삭감과 노동조건·수당 개선을 맞바꾸려 해서도 안 된다. 재정 삭감에 혈안이 된 정부가 노동조건과 수당을 먼저 개선해 주리라 기대하기도 어려울 뿐 아니라, 맞바꾸기 자체도 문제가 있다. 둘을 맞바꾼다면, 국민연금을 공무원연금 수준으로 끌어 올려 공적 연금을 상향평준화해야 한다는 주장은 공문구가 될 것이다. 공무원 노동자들에겐 노동조건 개선과 안정적인 노후 보장 모두가 필요하다. 따라서 우선 당면한 공무원연금 삭감을 저지하고, 부당하게 침해받고 있는 노동조건과 수당도 개선하라고 요구해야 한다. 또한, 공무원연금 개악 문제를 전체 공공부문 공격 반대와 연결해 연대를 확대하려 노력해야 한다.

이를 위해서는 첫째, 공무원연금 개악 반대 운동이 공공서비스 방어 문제에도 관심을 갖고, 노동자들의 노동조건 방어와 공공성 방어를 결합시켜야 한다.

공무원·교사 노동자들은 공공부문에 대한 투자가 삭감될 때 행정서비스나 교육서비스의 질이 떨어지는 것을 가장 안타까워하는 사람들이고, 이를 방어하기 위해 가장 효과적으로 싸울 수 있는 사람들이다. 공무원 노동자들이 자신의 노동조건 방어와 함께 공공서비스 방어를 위해 싸울 때 공공서비스를 지키고자 하는 폭넓은 사람들의 지지를 얻을 수 있다.

정부는 공무원 노동자의 노동조건 방어 요구가 그저 '철밥통 이기주의'인 것처럼 얘기하지만, 교사·공무원 노동자들의 노동조건은 공공서비스의 질과 밀접한 관련이 있다.

사회복지직 공무원들이 인원 부족 때문에 과로에 시달리다가 결국 자살을 선택하고, 소방 공무원 노동자들이 방화 장갑조차 지급받지 못한 채 일하는 열악한 현실에서는 이들이 제공하는 공공서비스의 질도 떨어질 수밖에 없다.

공무원연금 삭감도 마찬가지 결과를 낳는다. 공무원연금은 교사와 공무원 노동자들이 미래에 대한 불안감 없이 공공서비스 제공이라는 자신의 업무에 집중할 수 있도록 하는 구실을 한다.

둘째, 공무원연금 방어 투쟁은 민영화와 구조조정 등의 공격에 직면해 있는 다른 공공부문 노동자들과의 연대를 구축하려 노력해야 한다.

당장 정부는 공공기관 노동자들의 사내 복지 삭감에 이어, '정상화 2단계'에 착수하려 한다. 그 핵심은 민영화, 공공기관 구조조정, 임금체계 개편, 공기업 퇴출제 등이다.

공무원연금 삭감을 시도한 유럽 국가들에서도 연금 삭감은 공공부문에 대한 전반적 공격과 함께 이뤄졌고, 이에 맞서 공공부문 노동자들이 함께 대규모 항의에 나섰을 때 성과를 거둘 수 있었다. 1995년 프랑스 공공부문 노동자들은 공공부문 연금 삭감, 철도 적자선 폐쇄, 각종 복지 삭감 등 쥐페 정부의 공공부문 공격에 맞서 공동파업을 벌였다. 철도, 운수, 통신, 전기, 우편, 교사, 공무원, 소방관, 사회보험, 항만 노동자 등이 파업에 동참했다. 당시 거리시위에는 최대 2백만 명이 동참했고, 결국 정부는 공공부문 연금 개악을 철회하고 철도 '합리화' 계획을 중단해야 했다.

2008년 경제 위기 직후 벌어진 그리스 정부의 긴축 정책과 최근 영국 정부의 긴축 역시 공공부문 연금 삭감과 공공부문에 대한 전반적 공격을 모두 포함하고 있었고, 이에 맞서 공공부문 노동자들은 공동 파업을 벌였다. 이것은 노동자들의 자신감을 높이고, 정부의 공세를 부분적으로 저지하는 효과를 낳았다.

셋째, 공무원·교사 노동자들은 공무원연금뿐 아니라 공적 연금 전반의 강화를 위해 자신의 힘을 사용해야 한다. 사적 연금 활성화 대책 폐기에도 앞장서야 한다.

최근 공무원노조 지도부는 2007년에 국민연금 개악과 공무원연금 개악의 연쇄고리를 충분히 이해하지 못하고 국민연금 방어 투쟁에 나서지 않은 것을 반성적으로 평가했다. 이런 평가를 바탕으로 공무원 노동자들은 공적 연금 강화를 위해 투쟁해야 한다.

이처럼 공무원연금 개악 반대 투쟁을 공공부문 전체에 대한 공격에 반대하는 투쟁의 일환으로 자리매김하는 것은 공무원연금 개악 반대 투쟁이 고립되지 않고 공공서비스를 지키기를 원하는 대중의 방어를 받을 수 있는 길이기도 하다.

위와 같은 과제는 단지 공무원·교사 노동자들만의 몫은 아니다. 민주노총과 산하의 주요 노조들도 지금 신자유주의 공세의 최전선에 있는 공무원연금 개악 저지 투쟁에 연대해야 한다. 공무원연금 개악을 저지하는 것은 경제 위기 고통 전가 공세를 저지해 다른 부문 노동자들에게도 도움이 된다.

그리고 이 투쟁이 승리한다면 박근혜 정부의 공격에 직면해 있는 다른 노동자들에게도 싸울 자신감을 줄 수 있다. 지난해 전교조 교사들이 정부의 규약시정명령을 거부하며 법외노조화를 마다하지 않고 투쟁한 것은 철도 노동자들이 파업에 나설 수 있는 자신감을 북돋는 데 도움이 됐다.

노동운동과 진보진영은 공무원연금에 대한 공격이 그저 공무원들에 대한 공격일 뿐이라고만 치부해서는 안 된다.

## 공무원·교사 노동자들의 단호한 투쟁이 중요하다

박근혜 정부에 맞서 최악의 공무원연금 개악을 저지하려면 조직된 노동자들의 단호한 투쟁이 필요하다.

올해 초 공무원노조가 실시한 설문조사에서 40퍼센트에 이르는 공무원 노동자들이 정부의 연금 개악을 막기 위해 '총파업 또는 연가파업'이 필요하다고 답했다. 노동조합이 파업을 하면 참가하겠다는 노동자들도 60퍼센트가 넘었다.

2004년 파업으로 많은 공무원 노동자들이 해고됐고 지금도 파업권이 없는 상황에서 공무원 노동자의 60퍼센트가 파업 참가 의사를 밝힌 것은 놀라운 것이다. 이것은 박근혜 정부에 맞서 연금을 지키려면 집회만으로 부족하다는 조합원들의 정서가 반영된 것이다.

이런 분위기 속에서 공무원노조는 2014년 7월 대의원대회에서 "정부의 일방적인 공무원연금 개악 추진시" 전 지부 총회를 개최해 "총파업 및 총력투쟁"을 논의한다고 결정했다.

물론 2004년 파업으로 해고된 1백30여 명의 해고자가 있는 상황에서 파업이 쉬운 것은 아니다.

그러나 박근혜 정부는 경제 악화 전망 때문에 새누리당 내의 이견까지 불도저처럼 밀어붙일 정도로 강경하다. 이런 박근혜 정부를 저지하려면 노동자들도 사용할 수 있는 최대한의 힘을 사용해야 한다.

노동자들이 파업이라는 무기를 사용해 투쟁이 성과를 얻는다면 조직적 피해도 최소화할 수 있다. 또, 파업 때문에 당장에는 해고자가 생겨날 수 있지만, 승리의 경험은 노동자들의 사기와 자신감을 높이고 노동조합에 대한 신뢰를 높여 노동조합의 결속력을 강화할 수 있다.

공무원노조·전교조 노동자들은 그동안의 투쟁 경험을 바탕으로, 투쟁을 확대하기 위한 노력을 기울여야 한다.

정부와 언론의 이간질과 왜곡 등에 맞서 조합원 교육, 간담회, 홍보전 등을 조직하며 현장조합원들의 자신감을 북돋아야 한다. 그리고 2004년 파업 전에 두 차례 연가 투쟁을 통해 근육을 키웠듯이 항의집회, 조퇴, 연가 등 현장조합원들이 참가하는 투쟁을 건설해 나가야 한다.

공무원연금에 대한 정부의 이간질이 심하기 때문에 공무원·교사 노동자들은 스스로 단호하게 투쟁해야 할 뿐 아니라, 연대 건설에도 힘써야 한다. 공무원연금 지키기의 정당성을 대중에게 알리며 지지를 얻어 나가야 한다. 이때 공무원연금 방어와 공적 연금·공공서비스 방어를 결합해야 한다.

철도 민영화와 의료 민영화 반대 운동이 대중적 지지를 받을 수 있었던 것은, 노동조합과 사회단체 활동가들이 전국과 지역에서 대책위를 만들어 민영화와 각종 구조조정이 노동조건을 악화시킬 뿐 아니라 공공서비스를 훼손한다는 점을 꾸준히 알린 덕분이었다.

공무원노조·전교조의 활동가들은 자신들이 어떻게 하느냐에 따라 상황을 얼마든지 바꿀 수 있다는 능동적이고 진취적인 전망을 갖고 현장조합원들과 함께 투쟁을 조직해야 한다.

## 공무원·교사 노동자들의 투쟁 잠재력

지금까지 공무원 노동자들은 어려운 조건에서도 저항을 이어 왔고, 덕분에 크고 작은 성과를 거둘 수 있었다.

2000년과 2004년의 경험은 강력한 투쟁 잠재력을 잘 보여 준다.

2000년에 김대중 정부는 IMF 경제 위기를 맞아 대대적인 공무원 구조조정을 했다. 이 때문에 연금 수급자가 대폭 늘어나자, 정부는 재정 악화를 이유로 공무원연금 개악을 시도했다.

그러나 당시 전국에서 노동조합과 직장협의회 설립 물결이 일었던 분위기를 타고 공무원 노동자들은 단상 점거 등을 통해 곳곳에서 정부가 개최한 공무원연금 개악 공청회를 무산시켰다. 게다가 정부의 탄압에도 불구하고 '공무원연금법 개악과

일방적 구조조정 저지 전국공무원결의대회'를 성사시켰다.

공무원 노동자들뿐 아니라 전교조 교사들도 적극 투쟁에 나섰다. 2000년 10월 6천여 명이 넘는 전교조 조합원들이 연가파업을 하고 대규모 집회를 개최했다.

그 결과 김대중 정부의 공무원연금 개악은 뜻대로 되지 않았고, 공무원연금 부족분을 정부가 책임지는 조항을 넣을 수 있었다. 또한 공무원노조는 "하위직 공무원들의 이해를 대변하는 대표조직으로의 위상"을 얻게 됐다.

노무현 정부도 공무원 연금 개악을 시도했지만 성공하지 못했다. 정부는 2004년 공무원노조가 노동3권을 요구하며 벌인 파업이 공무원연금 쟁점과 결합하게 되면 노동자들의 분노가 더 거세질 것을 두려워 했다. 그래서 노무현은 당시 파업을 앞두고 "공무원연금 개악은 절대 없다"고 해야 했다.

2000년과 2004년에 공무원연금 개악 시도를 저지할 수 있었던 원동력은 조직 노동자들의 파업과 집단행동(조퇴, 연가, 대규모 집회 등)이었다. 특히, 공무원노조와 전교조는 단체행동권이 없는 노조였음에도 파업과 강력한 집단 행동을 감행해 정부의 공세를 막을 수 있는 능력을 보여 줬다.

공무원·교사 노동자들은 여전히 조직이 건재하므로 지금도 이런 힘을 보여 줄 수 있다.

# 신규 공무원 차별에 반대해야 한다

박근혜 정부는 2016년 이후 신규 공무원들에게는 아예 국민 연금 수준으로 연금을 지급하겠다며 미래의 공무원들이 될 청년들을 희생양 삼으려 한다.

2010년에도 공무원연금 개악이 있었는데, 이때도 정부는 신규 공무원들을 희생양으로 삼았다. 당시 개악에서 재직공무원들도 피해를 봤지만, 가장 큰 피해를 본 것은 신규 공무원이었다. 이 개악으로 2010년 이후의 신규 공무원은 연금 수급 시작 연령이 65세(여전히 정년은 60세)가 됐고, 유족연금도 60퍼센트로 낮아졌다. 재직 공무원과 신규 공무원 사이에 차별의 계단이 생긴 것이다.

노동자들의 조건에 차별이 생기자, 노동조합의 조직력에도 좋지 않은 영향을 미쳤다.

이제 박근혜 정부는 2010년 신규 공무원에 대한 개악을 기준으로 그 이전부터 재직한 노동자들의 조건을 하향평준화 시키려 한다. 게다가 2016년 이후 신규 공무원부터는 차별의 계단을 하나 더 만들려고 한다. 이것은 한 부문의 조건이 개악되는 것을 일단 허용하면 결국 전체의 조건이 낮아질 수 있다는 것을 보여 준다. 이번에 공무원 노동자들이 신규 공무원에 대한 어떠한 차별도 수용해선 안 되는 까닭이다.

# 사회적 논의기구에 대해

박근혜 정부가 공무원연금 개악을 일방적으로 밀어붙이자, 사회적 논의기구의 필요성을 주장하는 목소리가 커지고 있다.

박근혜 정부는 2014년 초에 훈령을 개정해 공무원연금법 개정 과정에서 공무원노조 등 당사자 참여를 보장하는 조항을 삭제해 버렸다. 대신 정부는 밀실에서 연금학회 등과 논의해 공무원연금 개악을 추진해 왔다.

박근혜 정부는 철도 민영화와 의료 민영화 때도 그랬듯이, 민주적 토론에는 관심이 없다. 이미 박근혜 정부는 정부안을 발표하면서 '사회적 논의기구'를 구성하자는 노조의 요구를 거부한 바 있다.

그래서 공무원노조는 박근혜 정부의 일방적인 개악 추진을 폭로하고 '공무원연금 개혁의 국민적 공감대'를 이끌어 낼 수단으로 '공무원연금법 개정을 위한 노사민정 사회적 협의체' 구성을 거듭 요구하고 있다. 진보적 정당과 사회단체들도 사회적 논의기구의 필요성을 제기하고 있다. 새정치민주연합도 '정부, 공무원노조, 시민단체, 정치권 등으로 구성된 공무원연금 대타협 위원회 구성'을 제안했다.

정부의 일방적 개악 추진을 비판하고 노동자들의 목소리를 들으라고 요구하는 것은 정당하다. 박근혜 정부의 일방적 밀어붙이기와 노조 무시는 노동자들의 분노를 불러일으키고 있다.

그런데 '일방성'도 문제지만, 핵심은 엄청난 삭감을 담고 있는 개악안 내용 그 자체다. 따라서 개악에 반대하는 노동자들의 의지를 단호한 행동으로 보여 주는 것이 중요하다.

대화와 협상은 투쟁의 결과물일 때 우리 편에 유리할 수 있다. 특히 박근혜 정부처럼 불통이 특기인 상대일 때는 더욱 그렇다. 따라서 공무원노조는 투쟁에 분명한 우선순위를 둬야 한다. 법안 개정을 저지할 힘은 국회 안이 아니라 바깥에 있다.

설사 정부가 사회적 논의기구를 구성한다 할지라도, 투쟁이 충분히 강력하지 않으면 연금 개악을 막는 수단이 되긴 어렵다. 그동안 지배자들은 사회적 논의기구를 대체로 경제 위기 시기에 노동계급에게 양보를 관철하기 위한 목적으로 이용했다.

김대중 정부 하에서 노사정위원회의 경험이 대표적이다. 한편, 지난해 철도 파업 종료 당시 구성된 '철도산업발전 국회 소위원회'는 '노정 합의'로 만들어졌음에도 파업 보복과 강제 전출을 막는 데 어떠한 구실도 하지 못했다. 뿐만 아니라, 자회사 분할과 요금 인상의 명분만 줬다.

공무원노조의 경험도 있다. 2008~2010년 공무원연금 개악 당시 촛불항쟁과 노동자들의 항의집회 덕분에 노사 동수로 '공무원연금제도발전위원회'가 구성됐지만, 발전위원회는 노동자들에게 양보를 요구해 결국 더 내고 덜 받는 개악안에 노조가 합의한 바 있다. 특히 당시 개악으로 신규 공무원들은 더 큰 불이익을 받게 됐다.

진보진영 일각에서는 영국, 독일 등에서 '사회적 합의기구'가 좋은 구실을 한 것처럼 주장한다. 그러나 이 나라들에서도 '사회적 합의기구'는 노동자들의 양보를 관철시키는 수단이었다.

2002년부터 시작된 영국 신노동당의 2차 연금 개혁은 '연금위원회'와 '전국민적 연금토론'을 통한 민주적인 사회적 합의로 알려져 있다.[6] 그러나 연금위원장은 미국의 금융투자회사인 메릴린치의 부회장이 맡았다. 연금위원회에는 노동계를 대표해 TUC(영국노동조합회의) 의장도 포함돼 있었지만, TUC 노동자들이 강력히 반대한 핵심 개악 내용(연금 수급 연령 늦추기)이 결국 관철됐다.

독일에서도 사회적 협의체는 노동조합이 실질임금 하락, 저임금·저질 일자리 확대, 공공서비스 질 하락을 합의해 준 결과만 낳았다.

게다가 사회적 협의체에 들어올 새정치민주연합 등이 어떤 양보안을 가져 와 우리 편의 발목을 잡을지도 우려하지 않을 수 없다. 새정치민주연합은 결코 믿을 수 없는 세력이다.

새정치민주연합은 박근혜 정부의 공무원연금 개악안에 분명히 반대하지 않고 있다. "고령화 시대를 맞아서 공무원연금 개혁은 필연적"이라는 입장이고, "연내 처리는 졸속 처리"라고만

할 뿐 어정쩡한 자세를 취하고 있다.

이들의 전력을 봐도 그렇다. 민주당 정부는 공무원연금 개악을 호시탐탐 시도했고 '재정안정화'를 앞세워 국민연금을 개악한 주범이었다. 또, 2014년 기초연금 사기극의 공범이기도 했다. 따라서 이들은 '재정 적자 해소를 위해 공무원 노동자들이 양보하라'고 부당한 압력을 넣을 가능성이 크다.

사회적 논의기구에서 강조될 '갈등 해소'와 '중재'는 단지 정부를 향한 비판만이 아니라 노동자들도 투쟁을 자제하라는 요구로 돌아올 것이다. 〈경향신문〉은 '국민 협의체'를 구성하자고 제안하면서 "공무원연금 개혁이 … 투쟁으로 비화되는 양상이어서 유감스럽다" 하고 말했다.

결국 앞에서도 지적했듯이, 대화와 협상이 노동자들에게 유리한 방향으로 전개되기 위해서라도 강력한 투쟁이 뒷받침돼야 한다.

유럽에서도 '사회적 합의기구'보다는 공공부문 노동자들의 강력한 저항이 연금 개악을 부분적으로나마 막아 온 진정한 동력이었다. 1995년 프랑스에서 공공부문 연금 개악을 저지한 것이 대표적이다. 이것은 당시 3주 동안 벌어진 공공부문 대중 파업의 성과였다. 당시 프랑스 지배자들은 쥐페가 '프랑스의 대처'가 돼 주길 바랐으나, 프랑스를 뒤흔든 노동자들의 반격에 직면한 쥐페 정부는 연금 개악을 철회해야 했다.

정부가 올해 안에 속전속결로 공무원연금 개악을 처리하겠다는 강경한 태도를 보이고 있는 만큼, 공무원·교사 노동자들도 사회적 합의기구에 기대를 걸고 의존하기보다는 단호한 투쟁을 하는 데 중심을 둬야 한다.

# 끝나지 않은 국민연금 개악 시도

박근혜 정부는 취임 초기부터 국민연금 보험료 인상을 추진해 왔다. 다만 기초연금 공약 먹튀 등에 불만이 높은 상황에서 시행 시기를 살피고 있을 뿐이다. 공무원연금을 개악하고 나면 이런 계획은 언제든 다시 추진할 가능성이 있다.

한국보건사회연구원은 최근 국민연금 보험료를 현행 9퍼센트에서 15퍼센트로 대폭 인상하는 개악안을 제시했다.[7]

연금 급여는 그대로 유지한 채 말이다. 이는 2013년 7월 국민연금제도발전위원회가 다수안으로 채택한 '개혁안'보다도 더 높은 인상률이다.

월급 3백만 원을 받는 노동자의 경우 지금은 국민연금 보험료로 13만 5천 원을 내는데[8] 개악안에 따르면 22만 5천 원을 매달 보험료로 내야 한다.

# 형편없는 연금

국민연금의 가장 큰 문제는 그 액수가 지나치게 적다는 사실이다. 특히 지난 2007년에 수급액을 3분의 1이나 삭감한 바람에 '용돈' 수준으로 전락해 버렸다.

국민연금의 법정 소득대체율(퇴직 전 소득 대비 연금 액수)은 40퍼센트다. 그러나 이는 40년 동안 보험료를 납부했을 때 얘기다. 취업난과 조기 퇴직 때문에 실제로는 납부 기간이 그 절반밖에 안 된다.

2014년 전체 국민연금 수급자의 실질소득대체율은 18.1퍼센트다. 이 수치는 2032년 23.4퍼센트를 정점으로 다시 내려가 2060년까지 21.5퍼센트 수준밖에 안 될 것이다.[9]

월급이 3백만 원인 노동자는 퇴직 후 국민연금을 60만 원 정도밖에 못 받는 것이다.

2014년 2인 가구 최저생계비는 1백2만 7천4백17원이다. 둘

그림 3. 3백만 원 소득을 가진 2인 가구 최저생계비와 연금 합산액(단위 만 원)

중 한 명이 국민연금을 받고 둘 다 기초연금을 받는다고 해도 최저생계비도 안 된다.(그림 3) 현행 기초연금은 국민연금을 받을 경우 최대 10만 원까지 삭감하고 부부가 함께 받을 경우 합해서 최대 32만 원만 지급한다.

## 비싸고 불공평한 보험료

정부는 국민연금 보험료가 낮다고 주장한다. 보험료율만 놓고 보면 이는 사실이다.

문제는 부자나 가난한 사람이나 똑같이 9퍼센트를 내도록 해 놓다 보니 저소득층의 경우 부담이 적지 않다는 것이다. 따라서 다른 세금들처럼 누진율을 도입해야 한다.

게다가 국민연금 제도에는 부자들의 보험료 부담을 덜어주는 '소득상한선'이 있다. 2014년 기준으로 월 소득이 4백8만 원을 넘는 사람들은 소득 차이와 상관없이 보험료로 36만 원만

# ₩360,000

## = 4백만 원 소득자 보험료
## = 1억 원 소득자 보험료

내면 된다. 주야 교대로 뼈빠지게 일해서 연봉 5천만 원을 받는 노동자나 연봉이 수십억 원에 이르는 현대차 이사들이나 똑같은 보험료를 내고 있는 것이다. 이는 부자들에게만 한 달에 수십~수천만 원씩 감세 혜택을 주는 셈이다.

이런 소득상한선 제도는 즉시 폐지해야 한다.

## 누가 더 내야 하나

사회의 부를, 직접 만들어낸 노동자들이 아니라 기업주와 부자들이 대부분 독차지하는 이 체제에서는 불평등이 계속 심화한다. 그리고 노동자들이 연금을 포함한 복지제도의 도입을 요구한 것은 사회적 재분배를 강화해 이런 불평등을 부분적이나마 개선하고자 하는 것이다.

그러려면 부유층에게서 세금을 거둬 복지 재원을 마련하고, 실제로 사회에 기여한 만큼 대가를 받지 못한 모든 노동자들은 최대한 그 부담에서 해방돼야 한다.

이는 꿈같은 얘기가 아니다. 1990년대에 진행된 연금 '개혁'(사실은 삭감) 이전에 스웨덴 노동자들은 연금 보험료를 한 푼도 내지 않았다. 13퍼센트에 이르는 소득비례 연금 보험료는 고용주들이 모두 부담했다.[10] 세금으로 연금을 지급하는 나라들도 많다. 사회보험 방식의 복지제도는 대체로 조세제도에 비해

누진율이 낮거나 없어 노동자들에게 불리하다.

이 점에 비춰보면 지금처럼 노동자들이 보험료를 반씩이나 부담하는 것도 결코 정의롭다고 할 수 없다. OECD 다른 나라들에 비해도 이 나라 기업주들의 부담은 지나치게 적다. 또 정부는 기여하는 바가 거의 없다.(그림 4)

연금뿐 아니라 다른 사회보험료와 세금도 터무니없이 적게 낸다. 2007~2010년 사이에 간접세인 부가가치세는 20퍼센트나 늘었는데 소득세는 3.6퍼센트 감소했다. 법인세는 최고 세율을 인하에 더해 각종 세금 감면 조처로 전체 실효세율이 16.6퍼센트밖에 안 된다.

부자들이 내는 세금인 종합부동산세는 57.4퍼센트 감소했고 개별소비세도 1.8퍼센트가 줄었다. "부자들이 내는 세금을 왕창 깎아주고 중산층과 서민들 세금을 대폭 늘린 것이다."(선대인)

오죽하면 OECD조차 한국 정부의 조세와 복지 제도가 재분배 효과가 너무 낮다고 지적할 정도다.[11]

이런 현실을 인정하지 않고 '누구나' 적금 붓듯 나중에 자기가 받을 연금만큼 보험료를 부담해야 한다고 주장하는 것은 결국 가진 자들의 부담을 줄여 주는 것밖에 안 된다.

그런데 새정치민주연합 안철수는 이런 사실을 모두 무시한 채 소득대체율을 높이려면 보험료를 인상해야 한다고 주장한다. 오건호 등 일부 진보적 지식인들도 연금을 더 받을 수 있다면 노동자 보험료 인상도 필요하다고 주장한다.

그러나 이는 불평등 완화에 도움이 안 된다. 무엇보다 이런 개악에 맞서야 하는 우리 편의 힘을 약화시킬 수 있다.

2007년 국민연금 개악 당시 민주노동당의 연금 정책을 주도한 오건호는 기초노령연금을 도입하는 대신 국민연금 수급액을 일부 삭감하는 안을 제시한 바 있다. 총액을 따져 보면 그게 이익이라는 것이었다. 그러나 계급 간 이해관계가 첨예하게 부딪히는 상황에서 이런 산수는 제대로 된 답을 얻기 어렵다.

결국 기초노령연금은 애초 목표치의 절반밖에 안 됐고, 국민연금은 3분의 1이나 삭감됐다. 무엇보다 "당시 한나라당-민주노동당의 기이한 공조" 때문에 민간연금을 주축으로 공적 연금 전

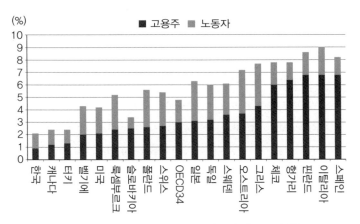

그림 4. OECD 국가들의 공적연금 기여 비중(GDP 대비)[12]

체를 개악하려는 우파의 계획이 일보 전진하는 효과를 낳았다.

따라서 기업주·부자의 세금과 보험료 부담을 늘려 노동자들에게 연금과 의료 등 복지를 제공하라고 요구해야 한다.

## 우리가 낸 돈은 기업주들의 투자자금으로

2014년 7월 말 현재 국민연금 기금은 4백53조 원이나 쌓여 있다.

물론 이 돈을 현찰로 쌓아 두면 해가 지날수록 그 가치가 작아질 것이다. 그래서 정부는 물가상승에 따른 가치하락을 만회할 수 있도록 채권 등 자산으로 보유하고 있으려 한다.

정부는 연금기금의 수익률을 높인다며 주식투자 비중을 대폭 확대해 왔다. 2014년 현재 국민연금 기금 중에서 141.3조 원(31.2퍼센트)을 국내외 주식에 투자하고 있다.(표 1)

이는 사실상 노동자들의 호주머니를 털어 기업주와 부자들의 배만 불리는 일이다. 국민연금이 국내 5백대 기업 주식에 투자한 68조 원 가운데 삼성, 현대차 2대 그룹에 47퍼센트가 몰려 있다. SK, LG, 롯데까지 포함하면 5대 그룹에 67퍼센트가 집중됐다. 특히 국민연금은 주가가 폭락할 때마다 엄청난 돈을 쏟아부어 주가를 떠받치는 구실을 했다.

주식 투자로 주가 하락을 막고 국민연금도 수익률을 높이면

누이 좋고 매부 좋은 일 아닐까 하고 생각할 수 있다.

그러나 〈한겨레〉 보도를 보면 2012년 기준으로 상위 1퍼센트가 배당소득의 72퍼센트, 이자소득의 45퍼센트를 가져갔다. 상위 10퍼센트가 배당소득의 93.5퍼센트, 이자소득의 90.6퍼센트를 가져갔다. 평범한 사람들은 주가 상승에서 이익을 얻을 일이 별로 없다.

주식 같은 위험 자산에 투자한 국민연금은 손실 위험도 떠안게 된다. 2008년 미국 서브프라임 모기지 사태 직후 국민연금은 국내 주식에서 7조 2천억 원, 해외 주식에서 1조 3천억 원 등 총 8조 5천억 원의 손실을 냈다. 파산한 용산개발 사업에도 투자한 국민연금은 순식간에 1천2백94억 원을 날렸다.

더 나아가 2008년 이후 해외 부동산이나 은행, 심지어 석유

| 그룹 | 기업 수 | 평가액 | 500대 기업 내 비중 |
|---|---|---|---|
| 삼성 | 13 | 20조6330억 | 30.60% |
| 현대자동차 | 8 | 10조7350억 | 15.90% |
| SK | 9 | 6조6580억 | 9.90% |
| LG | 8 | 4조7330억 | 7.00% |
| 포스코 | 3 | 2조4670억 | 3.70% |
| 30대 그룹 계 | 83 | 55조1150억 | 81.60% |

표 1. 국민연금 국내 주식 투자[13]

나 곡물 등 원자재 등에 투자를 늘리면서 국제 투기 자본과 다를 바 없는 짓을 벌이고 있다.

정부는 이처럼 연기금 운용에 대한 책임을 회피하고 자본가들의 입맛에 맞게 사용하려고 기금운용위원회를 정부 기구에서 '독립'시키려 한다. 이렇게 되면 기금운용위원회는 사실상 투기꾼들의 집합소로 전락할 것이다.

## 적립식? 부과식?

적립식은 지금 국민연금처럼 적금처럼 운영하는 것이고, 부과식은 건강보험처럼 매년 필요한 보험료를 거둬 그해에 다 쓰는 방식이다.

1994년 세계은행은 부과식으로 운영되던 각국의 연금제도를 기금 조성을 위해 적립식으로 전환할 것을 권고했다. 그러나 세계은행이 권고한 조처의 요점은 연금을 위한 기금 조성이 아니라 자본주의를 위한 투자 자금 조성이었다. 이렇게 조성된 펀드로 옛 소련 블록과 제3세계에서 민영화 기금으로 사용하거나 엔론처럼 기업 확장에 사용하라는 것이었다.

그 결과 적립식 연금 체계를 도입한 나라에서 기금은 일종의 투자 '펀드' 구실을 해 왔다. 그러나 말이 좋아 투자펀드지 세계적으로 유명한 투기펀드들 명단에는 종종 각종 연기금이 포함되곤 한다. 또 한국 정부가 연기금을 동원해 주가 폭락을 막는 것처럼 기업주들을 돕는 데 좀 더 직접적으로 사용하기도한다.

주요 경제지들이 국민연금기금운용본부장 공채 때마다 "자본시장 대통령"이라며 법석을 떠는 까닭이다.

대부분의 주류 정치인들과 기업주들은 이런 기금 적립과 연금 삭감에 박수를 보낸다.

그러나 다른 한편으로는 정부가 직접 연기금을 굴리는 것을 불안해하는 자본가들도 있다. 연기금이 주식을 대량보유해 의결권을 행사하거나(벌써 '연금 사회주의'의 위험이 있다며 호들갑을 떠는 자들도 있다) 혹은 경쟁 기업에 더 많은 자본이 흘러들어가는 사태를 피하고 싶어 하는 것이다.

한국개발연구원(KDI)이 발표한 보고서를 보면, 주식·채권 시장으로 대거 유입된 연기금이 몇십 년 뒤에 연금 지급을 위해 대규모로 빠져나가기 시작하면 주식 가치를 폭락시켜 그 자체가 경제 위기를 촉발할 가능성이 높다고 지적했다. 기금의 규모가 커질수록 더 많은 투자자들이 연기금의 투자 행태에 직접적인 영향을 받으면서 이 과정은 가속된다.

결국 자본주의의 끊임없는 축적 경쟁이 필연적으로 경제 위기를 초래하듯이 어마어마한 규모의 기금 자체가 이런 위기를 촉발하거나 심화시킬 수 있는 시한폭탄 구실을 하는 것이다. KDI가 이로부터 이끌어내는 결론은 기금을 한 군데에 몰아주지 말고 분산투자하라는 것이다.

그러나 이는 시한폭탄을 제거하는 것이 아니라 잘게 쪼개서 사방에 심어 두는 효과를 낼 뿐이다. 이런 조처는 경제 전체에 미치는 악영향을 줄이는 데는 별로 도움이 안 될 것이다.

미래에 있을 충격에 대한 대책보다 당장의 수익률을 높여야 한다는 욕구가 훨씬 강한 자본주의 체제에서 분산 투자된 기금은 결국 더 수익률이 높은 곳으로 모여드는 경향을 가질 것이다. 그러면 분산 투자는 큰 효과를 내기 어렵다.

반면 부과식으로의 전환은 '연기금 고갈론'이나 '세대 간 갈등'이라는 이데올로기의 힘을 크게 약화시키고 당장 누가 부담해서 누구에게 연금을 지급할 것인지 하는 첨예한 문제를 제기한다는 점에서 분명히 장점이 있다. 사실 이 문제를 회피해서는 복지제도의 애초 취지에 다가설 수 없다.

그리고 개인 보험처럼 설계된 현재 적립식 제도에서 큰 문제가 되는 사각지대(저소득 연금 미가입자) 문제를 해결하는 데도 도움이 될 것이다. 건강보험처럼 말이다.

또 거대 기금을 이용한 투기(노동자들의 삶을 파괴하는)를 예방하고 경제 위기를 촉발할 불씨 중 하나를 밟아 두는 효과를 낼 것이다.

따라서 이런 요구는 노동계급 전체를 단결시키고 투쟁하기 위해서 더 나은 점이 있다.

# 재정고갈 때문에 보험료 인상은 불가피한가?

정부는 보험료를 대폭 인상하지 않으면 2060년에 국민연금 재정이 고갈될 것이라고 주장한다. 한국보건사회연구원도 같은 근거로 보험료 인상안을 제시했다.

2006년 당시 노무현 정부도 같은 논리로 국민연금을 삭감했다. 당시에 정부는 그렇게 하지 않으면 2047년에 재정이 고갈될 것이라고 주장했다.

그런데 2006년 당시 2백조 원을 조금 넘긴 국민연금기금은 8년 뒤인 2014년에 그 갑절로 늘어나 4백30조 원이 됐다. 정부 예측대로라면 이 돈은 앞으로도 계속 늘어나 2040년 즈음에는 2천5백조 원을 넘길 전망이다.(그림 5)

사실 30년 뒤에 수천조 원이 된다는 얘기나 50년 뒤에 고갈된다는 얘기나 믿음이 안 가기는 마찬가지다. 숫자와 그래프로 치장했지만 '40년 뒤에 기금이 고갈되니 보험료를 올리고 연금을 덜 받으라'는 정부의 논리는 이데올로기적인 성격이 짙다.

수백조 원에 이르는 기금은 그것이 어떤 형태로 있든지 경기 상승과 하강에 직·간접적 영향을 받는다.

문제는 자본주의 체제에서 미래의 경제 상태를 예측하기가 매우 어렵다는 것이다. 이듬해 경제성장률 전망치도 몇 번씩 바뀔 정도다. 무계획적 경쟁에 의존하는 시장 경제 체제에서 몇

십 년은 고사하고 몇 년 뒤의 경제 상태를 예측하는 것도 근본적으로 불가능하다. 경제 위기는 주식과 채권에 투자된 연기금의 실제 가치를 크게 떨어뜨릴 수 있고 최악의 경우 공황이 닥치면 몇 년 안에 고갈될 수도 있다. 반대로 경제가 회복되고(가능성은 낮지만) 일자리가 늘어나면 기금 규모는 엄청나게 커질 것이다. 1980년대 중반에 요즘의 경제 상태를 예측할 수 있었을지 상상해 보라.

예측이 들어맞아도 문제는 끝나지 않는다. 연기금 적립액이 언제 최고점을 지나는지 알 수 있다면 투자자들은 그 시점에 국민연금이 보유한 주식과 채권 종목을 대거 내다팔기 시작할 것이다. 국민연금이 자산을 현금화하기 위해 내다팔기 시작하

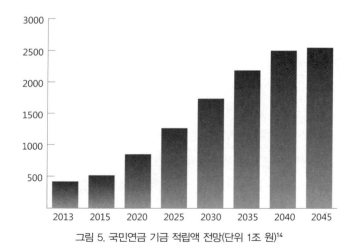

그림 5. 국민연금 기금 적립액 전망(단위 1조 원)[14]

면 큰 손해를 볼 수 있기 때문이다. 그러면 거대 기금은 순식간에 깡통이 될 수도 있다.

경제 예측과 마찬가지로 인구 예측도 생각만큼 간단한 문제가 아니다. 통계청의 인구추계는 5년 만에 엄청나게 달라졌다.(그림 6) 더 심각한 문제는 그런데도 재정고갈 시점은 똑같이 2060년으로 예측됐다는 사실이다.

정부의 예측이 기적처럼 들어맞아 2060년에 정말로 기금이 고갈되면 어떻게 될까? 이른바 '부과식' 체계로 바꿔야 할 것이다. 지금 공무원연금이나 건강보험이 이런 식으로 운영된다.

따라서 재정 고갈 시점보다 훨씬 중요한 것은 이 나라 경제 규모가 현 세대 노인들을 부양할 수 있는지 하는 점이다. 부자들에게 충분한 세금을 부과하고 기업주들의 보험료를 어지간

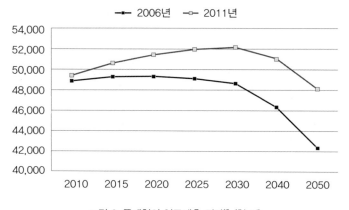

그림 6. 통계청의 인구예측 전망[15] (천 명)

표 2. 국민소득 2만 불 시점의 복지지출 규모(GDP 대비)

| | 도달시점 | 공적 복지지출 |
|---|---|---|
| 스웨덴 | 1987 | 29.6 |
| 독일 | 1991 | 23.7 |
| 영국 | 1996 | 19.6 |
| 미국 | 1988 | 13.1 |
| 일본 | 1988 | 11.4 |
| 그리스 | 2004 | 19.9 |
| 한국 | 2007 | 7.5 |

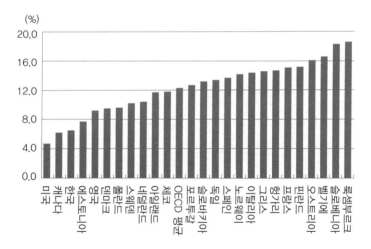

그림 7. 2060년의 공적연금지출 예상 규모[16](GDP 대비 %)

한 수준으로만 올리면 천문학적인 기금을 쌓아두지 않고도 충분한 연금을 지급할 수 있다.(표 2)

정부의 계산대로라면 기금이 고갈되는 2060년에 현재 수준의 연금을 받으려면 보험료 수입 외에 GDP의 4.1퍼센트가 추가로 필요하다.(그림 7)

그러나 이는 고용주의 보험료 부담을 OECD 평균(GDP의 3퍼센트) 수준으로 인상하고 정부가 추가로 재정을 투자하면 불가능한 수치가 아니다.

## 고령화의 덫?

연기금 고갈론의 키워드는 '고령화'인데, 다시 말해 우리가 이제 '수명 연장이라는 불쾌한 현실'에 직면했다는 것이다. 노동자들이 퇴직 후에 금방 죽어 버리지 않아서 국가와 젊은 노동자들이 이들을 먹여 살려야 하는 짐을 지게 됐다는 것이다.

이는 19세기에 맬서스가 한 얘기를 떠올리게 한다. 그는 모든 복지 제도에 반대했는데, 복지 제도 때문에 일하지 않는 사람들이 죽지 않고 점점 늘어나 마침내 사회가 붕괴할 것이라고 했다. 맬서스는, 요즘 세계은행이 말하는 것처럼, 보편적 복지 제도가 아니라 개인적 저축이나 보험이 근검절약하는 습관을 고무해 사회를 구할 것이라고 했다. 이에 따르면 노인들도 놀고

먹지 말아야 한다며 연금 대신 빌딩 청소, 경비, 주차 관리 등 일을 시키는 박근혜 정부가 도덕적 해이와 사회 붕괴를 막고 있는 셈이다!

평균수명이 늘어나고 영아 사망률이 감소하는 등 좋은 변화들은 물론이고 출산율이 낮아지는 등 고령화를 가속하는 변화를 막을 수 없다면, 노인 인구가 늘어나는 것은 피할 수 없다. 그리고 이런 변화는 대체로 그 나라의 경제 성장과 밀접한 관련이 있기 때문에 애초에 사회 전체가 감당하지 못할 정도의 고령화라는 것은 현실에 존재하지 않는다. 세계에서 평균수명이 가장 높은 나라들은 대부분 선진국인데다 복지가 발달한 나라이기도 하다.

산업연구원은 한국의 고령화 속도가 무척 빠르다며 노인인구 비율이 1970년의 4배로 늘었다고 밝혔다. 그런데 같은 기간 GDP 규모는 514.7배 늘었다!

사회 전체적으로 보면 고령화는 유아와 아동이 상대적으로 줄어든다는 뜻이기도 하다. 그만큼 사회가 지출해야 할 양육비는 줄어들 것이다. 따라서 전체 복지 지출 규모가 크게 변하지 않을 수 있다. 문제는 이 나라 정부가 노인은 물론이고 아이들에게도 그다지 투자하는 게 없었다는 사실이다. 출산율을 높이고 싶다면 노인들의 연금을 깎을 게 아니라, 보육과 교육에 대한 투자부터 대대적으로 강화해야 한다.

# 세대 간 갈등?

'세대 간 갈등'이라는 말은 연금 개악을 시도한 대부분의 나라에서 정부가 사용한 논리인데, 이는 쉽게 말해 현 세대가 많은 연금을 받으면 연금 재정이 열악해져서 다음 세대가 더 많은 보험료를 내게 된다는 것이다. 그러나 찬찬히 생각해 보면 이 논리가 얼마나 우스꽝스러운 것인지 알 수 있다.

공적 연금이 적어질수록 그만큼 사적 부양비가 늘고 공적 연금이 많아지면 부양비가 줄어든다. 결국 사회 전체로는 일정한 비용을 지출해야만 하는 것이다.

현재 한국 노인 소득에서 '사적 이전' 즉, 자식들이 주는 용돈이 차지하는 비중은 40퍼센트 가까이 된다. 반면 공적 연금이 차지하는 비중은 34퍼센트에 불과하다.(그림 8) 따라서 애초에 많은 재산을 갖고 있었거나 자식이 크게 성공한 경우가 아니라면 빈곤은 대물림될 뿐 아니라 그 자신도 죽는 날까지 가난하다. 빨리 죽는 게 자식 돕는 길이라는 말도 나온다.

한편 스웨덴 노인들은 소득의 80퍼센트가 공적 연금에서 나온다. 맬서스나 세계은행에 따르면 이는 재앙을 불러오는 것이겠지만 아마도 스웨덴 사람들은 한국 사람들보다 노후 걱정을 적게 할 것이다. 또 부모님 걱정도 덜할 것이다.

현 노인 세대에게 많은 연금이 지급되는 것은 그 자식 세대의 대부분에게는 부담이 되는 것이 아니라 도움이 된다. 한국 노인 가구 전체의 45퍼센트가 빈곤선 이하의 삶을 산다는 점을 고려하면 개별 가정이 아니라 사회가 이들을 책임져야 한다. 가난한 집에서 태어나 가난하게 산 게 무슨 죄라고 부모의 노후까지 개인에게 떠넘긴다는 말인가.

따라서 이 경우에도 어느 세대가 재정 부담을 질 것인지가 아니라 동시대에 어느 계급이 부담을 질 것인지가 핵심이다.

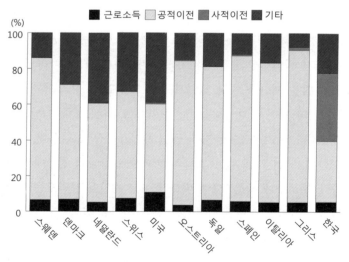

그림 8. 노인가구의 소득구성[17]

# 사적 연금 활성화 대책 —
# '연금 민영화'로 가는 길

박근혜 정부는 "국민연금이 짧은 가입 기간과 낮은 소득대체율로 노후소득 보장에 충분치 않다"며 "안정적이고 여유로운 노후생활 보장"을 위해 퇴직연금 가입을 의무화하고 개인연금 가입을 유도하는 "사적연금 활성화 대책"을 내놨다.

공적 연금을 계속 삭감해 놓고 이제 와서 '노후 소득이 부족할 테니 사적 연금에 가입하라'니, 낯짝이 너무 두껍다.

새누리당이 공무원연금 '개혁'안을 의뢰한 곳도 민간 보험회사들이 주축이 된 연금학회였다. 공무원연금 개악안을 만든 연금학회는 삼성화재, 삼성생명, 미래에셋, 한화생명 등 민간 금융기관들로 구성돼 있고, 김앤장 법률사무소가 감사를 맡고 있다. 이들은 노동자들이 사적 연금에 더 많이 의존하도록 공적 연금을 더 부실하게 만드는 데만 관심이 있다. 정말이지 '강도에게 보따리 맡긴' 셈이다.

신자유주의 시대에 주요 자본주의 국가들은 '연금의 민영화'를 지향해 왔다. 국가가 지급하는 공적 연금을 삭감하고, 사적 연금의 비중을 높여 온 것이다.

노동자들의 저항과 최소한의 사회보장 필요성 때문에 아직 대부분의 국가에서 공적 연금이 사라진 것은 아니다. 그러나 1970년대 세계 경제 위기 이후 재정 위기를 맞은 칠레 정부는 두 차례 개악을 거쳐 공적 연금을 사적 연금으로 완전히 대체해 버렸다.

지배자들이 사적 연금을 활성화하려는 이유는 재정 지출을 줄이고, 연금을 국가 책임에서 개인 책임으로 돌리기 위한 것이다. 덕분에 금융시장은 노동자들의 퇴직금과 임금을 투기 자금으로 활용할 수 있게 된다.

박근혜 정부는 한국의 퇴직연금이 대부분 원금보장형에 머물러 있는 것이 문제라고 보고, 이번에 확정급여형(DB : 연금으로 받을 액수를 정해 놓는 것, 대부분이 원금보장형)보다 확정기여형(DC : 기금운용수익률에 따라 액수가 달라지는 것, 원금 손실 가능) 상품을 늘리도록 했다. 또 기금 중에 주식 등 위험자산 투자 비율도 높일 예정이다. 이것은 금융자본의 공격적인 투자를 정당화하는 것이다.

그러나 노동자 노후 소득의 원천인 퇴직금을 주식시장 등에 투자하는 것은 매우 위험하다. 1997년이나 2008년 같은 경제 위기가 오면 말 그대로 모두 날려 버릴 수 있다.

퇴직연금 적립금을 가장 많이 운용하는 삼성생명의 원리금 보장상품 수익률은 올해 1분기 0.8퍼센트로 '제로 수익률'에 가깝다. HMC투자증권, 신한은행, 우리은행, 국민은행 등도 수익률이 1퍼센트가 안 된다. 물가인상률을 고려하면 사실상 원금을 까먹고 있는 셈이다. LIG손해보험, 대우증권, 흥국생명, IBK연금보험 등은 아예 수익률 자체가 마이너스다. 게다가 퇴직연금은 소득세(3~5퍼센트)도 내야 한다.

캘리포니아 공무원연금의 경우, 금융위기 직후인 2008년에 전체 운용 자산의 약 40퍼센트인 1천억 달러의 손실을 입었다. 총 자산에서 위험자산이 차지하는 비중이 74퍼센트에 이르는 등 공격적 투자가 손실의 원인이었다.

사적 연금은 은행이나 보험사가 파산할 경우 누구도 손실을 보전해 주지 않는다. 보험사 경영진과 대주주들은 보너스를 두둑하게 챙겨 가겠지만 말이다. 현재 퇴직연금 가입자 92퍼센트가 연금이 아닌 일시금으로 수령하는 것도 이 때문이다.

퇴직연금 강화 방안이 발표되자, 주식시장은 이미 '단기적으로 10조 원가량이 추가로 유입되고 안정적으로 주식시장으로 흘러 들어올 돈이 생겼다'며 반기고 있다.

이번 정부 대책은 결국 노동자들의 노후를 국가가 책임지는 것이 아니라 불안정한 경제 상황에 내맡기고, 퇴직금을 경제 위기에서 벗어날 제물로 삼겠다는 것이다. 정부의 사적 연금 활성화 대책은 폐기돼야 한다.

# 공적 연금(기초연금, 국민연금, 공무원연금, 사학연금) 강화를 위한 요구

노동자들은 퇴직 후에 저임금 일자리를 전전하지 않고도 인간다운 삶을 살 수 있어야 한다. 공적 연금은 이를 위해 꼭 필요하다.

공적 연금이 민간보험이나 적금과 다른 점은 정부가 책임을 진다는 것이다. 각자 자기 삶을 챙기라는 식의 시장 논리로는 양극화를 완화할 수 없으니 정부가 나서서 재분배를 하는 것이다. 따라서 재분배의 기본 원리 즉, 기업주와 부자에게서 세금과 보험료를 거둬 저소득자에게 혜택을 제공해야 한다.

그러나 박근혜 정부는 이 기본 원리를 무너뜨리려 한다. 최하층에만 쥐꼬리만한 기초연금을 주고 나머지는 시장 논리에 맡기려 한다. 이를 위해 공무원연금을 시작으로 사학연금, 국민연금 등 특히 조직노동자들의 연금을 삭감하려 한다.

반면 기업주·부자의 책임은 덜어주려 한다. 각종 감세 혜택으로 엄청난 특혜를 주고 민영화, 사적 연금 활성화 등으로 돈벌이 기회를 마련해 주려 한다. 마땅히 거둬야 할 세금을 걷지 않고서 재정이 부족하다고 발뺌한다. 결국 정부가 보장해 주려는 돈벌이 기회는 수많은 노동자들이 누려야 할 공공서비스와 노후를 담보로 한 것이다.

이를 막으려면 광범한 노동자들이 단결해 박근혜의 연금 삭감에 맞서야 한다. 따라서 서로 다른 처지에 있는 노동자들의 조건을 모두 개선하면서도 노동자들 사이의 격차를 완화할 수 있는 요구가 필요하다. 이를 한마디로 표현하자면 상향평준화다.

아래의 요구들은 현 체제 내에서도 이룰 수 있지만 다양한 부문에서 수많은 노동자들이 단결해 싸워야만 실현할 수 있는 것들이다.

물론 지금은 개악에 맞서 싸워야 하는 상황이라, 이런 요구가 이상적으로 여겨질 수도 있다. 그럼에도 이런 전망을 공유하는 것은 중요하다. 박근혜의 이간질을 무력화하려면 한 부문의 노동자들, 예컨대 공무원 노동자들이 공격받을 때 다른 부문의 노동자들이 연대할 수 있어야 하기 때문이다.

방어적 요구에서 공세적 요구로 전환할 수 있는지 여부는 이 투쟁의 성과에 달려 있다.

□ 60세 이상 모든 노인에게 기초연금 20만 원을 즉각
   지급하라

□ 기초연금을 소득 증가율에 연동해 인상하라

□ 국민연금 소득대체율을 60퍼센트로 복원하라

□ 공적 연금 수급 개시연령을 60세로 낮춰라

□ 공적 연금을 퇴직 전 3년 소득을 기준으로 지급하라

□ 공무원연금·사학연금 삭감을 중단하고, 신규자 차별을
   폐지하라

□ 공적 연금 보험료·기여금에 누진율을 적용하고
   소득상한선을 폐지하라

□ 평균임금의 50퍼센트 미만 소득자에게는 보험료–기여금을
   면제하고 그 기간을 가입 경력으로 인정하라

□ 공적 연금 총합이 최저생계비에 못 미칠 경우 정부가 그
   차액을 현금으로 지급하라

□ 공적 연금 총합이 평균임금의 1.5배를 넘을 경우 차액을
   세금으로 환수하라

□ 공적 연금에 대한 사용자–정부 부담을 OECD
   평균수준으로 늘려라

□ 개인연금–퇴직연금 지급을 정부가 보증하고 사적연금
   활성화 정책 폐기하라

※ 참고 지표

최저생계비 60만 원

최저임금 1백16만 원

평균임금 3백만 원

공적 연금 총합이 평균임금의 1.5배를 넘는 사람 : 연봉 7천7백만 원 이상

과세소득 8천만 원 이상 = 전체 근로소득자의 상위 4.66퍼센트

# 부록: 자본주의와 연금, 경제 위기[18]

대다수의 사람들에게 노후 연금, 건강 등의 문제는 인간다운 삶을 살기 위한 필수 조건이다. 그러나 자본가들은 이런 문제를 매우 다른 시각에서 바라본다.

자본주의 체제의 지배자들은 사람들의 일할 수 있는 능력 ─ 맑스가 '노동력'이라고 부른 ─ 을 착취함으로써만 번영을 이룰 수 있다. 그런데 이 능력은 질병이나 사고, 영양결핍 때문에 손상될 수 있다. 그래서 사장들은 노동자들이 일할 수 있는 능력을 유지하는 데 관심을 기울인다. ─ 다시 한번 맑스의 용어를 빌리자면 '노동력 재생산'.

한국에서 자본가들이 이런 문제에 크게 관심을 기울이기 시작한 것은 박정희 정권하의 산업화 시기였다. 박정희 정권은 안정적인 노동력 공급을 위해 공무원, 군인, 사학 연금을 시작했고 건강보험 등을 도입했다. 불과 며칠 만에 무기 연기되기는

했지만 1973년에는 지금의 국민연금 제도의 모태가 된 '국민복지연금제도'를 실시하려고 했다. 1976년의 의료보험법 개정도 비슷한 목적에서 이뤄졌다.[19] 자본가들은 건강한 젖소에서 더 많은 우유를 짜낼 수 있는 것처럼 건강한 노동자들이 더 많은 이윤을 만들어 낸다는 점을 이해했다.

동시에 후발 자본주의 국가인 한국의 자본가들과 정부는 이런 종류의 복지 정책이 경우에 따라서는 산업 성장 촉진에 필요한 거대 기금을 형성하는 아주 효과적인 방법이라는 사실을 익히 보고 들어 알고 있었다.

예컨대 박정희가 도입하려 한 국민복지연금제도는 "사회보장제도의 확충을 통하여 조성되는 자원[을] 중화학공업을 중심으로 하여 생산적으로 운영함으로써 고용의 기회를 증대하며 경제발전에 기여케 하려는 데 있[었다.]"[20]

그러나 자본가들이 복지 비용을 지출하는 일에 항상 만족했던 것은 아니다. 그들은 이런비용의 상당 부분을 건강한 노동자들이 내도록 만들려고 끊임없이 노력했다.[21] 또 그 노동력이 불필요하게 되거나 질병, 노령으로 노동력을 제공할 수 없게 된 사람들을 위한 지출을 최소화하려고 노력했다. 자본주의의 논리상 이들에게 비용을 지불하는 것은 낭비였다.

1973년 당시에도 〈조선일보〉는 "제발 무리인 줄 알면서 잘못을 범하지 않도록 거듭 당부"했고 "경제계 인사들도 … 노동비

용 상승 때문에 절대 받아들일 수 없다는 입장을 시종일관 견지"했다.[22]

그러나 이는 자본주의가 쉽게 밀어붙일 수 있는 논리는 아니었다. 생산 현장의 노동자들은 그들이 늙거나 병에 걸리거나 사고를 당했을 때 죽도록 내버려 두는 곳에서 일하고 싶어하지 않았다.

그래서 미국의 대기업들은 자신들의 이윤을 엄청나게 갉아 먹는 건강보험을 노동자들에게 제공하는 것이다. 조직된 노동 계급이 존재하는 많은 나라에서 신자유주의 정부의 복지 삭감 공격에도 불구하고 실제로는 정부의 복지 지출은 줄지 않았거나 늘어났다.

복지 제도는 단순히 자본가들의 필요에 의해서만 생겨나고 운영돼 온 것이 아니다. 특히 최초의 연금 제도들은 문자 그대로 '혁명적' 요구였다.

미국 독립 혁명의 지도자였던 톰 페인은 진보적 조세 정책을 통한 연금 제도 도입을 계획했고, 프랑스 대혁명 당시 콘도르셋은 현대 연금 재정 설계의 기초가 된 수학적 모델을 기초로 한 사회 노령 보험 도입을 제안했다.

비스마르크 치하의 독일에서조차 급진적·혁명적 도전에 직면한 우익 정권은 연금 제도를 도입해야 했다. 한국에서도 국민연금과 의료보험이 전 국민을 대상으로 확대 적용된 것은

1987년의 거대한 투쟁의 파고가 지나간 직후의 일이었다.

그러나 아주 오래전에 맑스가 지적한 것처럼 이윤 추구 드라이브는 자본주의에 연속적인 변화를 낳는다. 한때는 당연하게 여겨지던 것이 의문시된다. 1980년대 초까지 급속히 성장하던 한국 자본주의는 부분적이고 불충분하나마 복지 비용을 지불할 마음의 준비가 돼 있었지만 지난 20년 사이에 많은 것이 달라졌다.

수출의존도가 높은 한국 경제는 1970년대에 시작된 세계적 이윤율 하락의 영향을 받기 시작했고 정부는 기업에 가해지는 각종 부담을 낮추라는 압력을 받기 시작했다. 새로 들어선 정부들은 어떻게 해서든 복지 지출이 체제에 가하는 부담을 줄이려 안간힘을 썼다.

그러나 이는 결코 쉬운 일이 아니었다. 1987년에 분출한 노동계급의 강력한 투쟁과 조직 때문에 신임 정부들은 이 과제를 쉽게 해결하지 못했다. 오히려 조직된 노동계급은 자신들의 권리와 이익을 지키고 늘리기 위해 강력히 투쟁했고 이런 투쟁 덕분에 모순이게도 한국의 복지 지출은 꾸준히 늘어났다.

문제는 어지간한 복지 혜택이 아직 노동계급 전체에 두루 퍼지지는 않았다는 점이다. 게다가 정부들은 신자유주의 구조조정을 통해 노동자들의 노동조건을 악화시키며 자본가들의 이윤을 늘리는 데 일부 성공을 거뒀다.

이윤율 하락과 이어진 재정적자 문제에 직면한 정부의 두 번째 대응은 공기업을 팔아서(민영화) 부채를 해결하는 것이었다. 이는 일부 자본가들에게 숨돌릴 틈을 마련해 줄 수 있는 것이었다. 첫 번째 대응과 마찬가지로 두 번째 과정도 현재 진행형이다. 그리고 철도 민영화 추진 과정에서 보듯이 이 과정에 연기금을 이용하겠다는 것은 시장의 논리를 숭배하는 박근혜 정부의 계획이다.

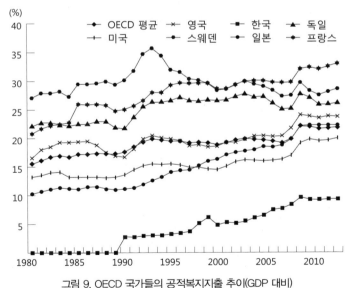

그림 9. OECD 국가들의 공적복지지출 추이(GDP 대비)
일본은 2010년, 한국은 2012년까지밖에 데이터가 없어서 이전 추세대로 연장함.

# 후주

1   박근혜 정부 기초연금법의 문제점과 입법 과정에 대한 평가 토론회 자료집

2   스톡홀름 국제평화연구소가 발표한 '세계군사비 보고서' 참조

3   김유선 외, '공무원 보수(임금)체계 개선 방안에 관한 연구', (2013)

4   '정년 채운 퇴직자 22퍼센트 불과…실제 퇴직 연령 '51세', 〈시사포커스〉 (2013. 12. 12.)

5   '공무원연금 개혁을 위한 네 가지 제안', 〈프레시안〉(2014. 10. 27.)

6   김영순,《코끼리 쉽게 옮기기》, 후마니타스

7   〈보건·복지 Issue & Focus〉 제262호(2014. 10. 17.)

8   나머지 13만 5천 원은 사측이 부담한다.

9   국민연금연구원이 국정감사에 제출한 '국민연금 평균 소득대체율 추이 자료 (2060년까지)'

10  스웨덴 복지 제도의 발전은 정치 세력들과 노동자·자본가 사이의 타협의 산물이기도 하지만 그 한 걸음 한 걸음마다 사회 전체를 뒤흔든 노동자들의 강력한 투쟁이 아로새겨져 있다는 사실을 간과해선 안 된다. 1933년 세계적인 대공황의 상황에서 당시 생산직 노동자들 중 가장 높은 임금을 받던 건설부문 노동자들이 10달 동안 벌인 강력한 투쟁의 여파로 2년 뒤인 1935년에 "공적 연금 혜택의 범위를 급격히 확대하는" 연금 개혁이 이뤄졌다. 그로부터 3년 뒤에는 스웨덴노총(LO)의 사회적 위상을 급격히 높인 살

쉐바덴 협약이 체결됐고 이는 현대 스웨덴 노사관계 모델의 기초가 됐다. 당시 스웨덴은 노르웨이, 영국 등과 함께 유럽에서도 노동쟁의 빈도가 가장 높은 나라였다. 1945년에 벌어진 스웨덴 역사상 가장 강력한 파업물결(노동손실일 수가 한 해에 무려 1천만 일을 넘었는데 이는 1933년의 두 배나 되는 것이었다)은 제2차세계대전을 핑계로 정부가 실시한 임금 통제 정책을 무너뜨렸고 이듬해에 "공적 연금을 질적으로 한 단계 상승시킨" 기초연금이 도입됐다. 1968년 반란이 유럽을 휩쓸던 때에 스웨덴 광원 노동자들은 LO 의 계급협조주의적 지도부에 반발해 강력한 살쾡이파업(비공인파업)을 벌였고 당시의 정치적 급진화와 맞물려 곳곳에서 살쾡이 파업이 급증하는 결과를 낳았다. 그리고 바로 이듬해에 공적 연금의 최저선 보장을 강화하는 '특별보충급여'가 도입됐다.

11 한국보다 못한 나라는 멕시코와 칠레뿐이다.

12 OECD Pensions At A Glance 2013

13 〈연합뉴스〉http://www.yonhapnews.co.kr/economy/2014/07/22/030100 0000AKR20140722185700003.HTML

14 국민연금재정추계위원회, 2013.

15 국회예산정책처, '국민연금 재정추계의 신뢰성 비교 검증에 관한 연구', (2013. 12.)

16 OECD Pensions At A Glance 2013

17 박시내, '한국 중고령자의 소득·소비 분석'과 정경희 외, '기초노령연금 도입의 사회·경제적 영향 평가'를 재구성.

18 이 부분은 Chris Harman이 쓴 'What Lies Behind the Health Service Reforms', Socialist Review, (2007.1.) 을 토대로 한국 상황을 적용해 각색한 것이다.

19 고세훈, 《복지한국, 미래는 있는가》, 후마니타스.

20 양재진, '박정희시대 복지연금제도의 형성과 유보에 관한 연구'에서 재인용.

21 그 결과 수십 년 동안 '지속된' 복지 국가들에서도 수천 겹으로 은폐된 각종 분배 구조 때문에 형식적인 부담률과 달리 실제로는 대부분의 복지 제도들이 노동자들 자신이 낸 세금으로 유지됐고 원래 취지인 재분

배 효과는 거의 없었다는 연구 결과가 발표되기도 했다. 노동자들의 세금으로 다시 부자들을 먹여 살리는 역재분배 현상이 나타난 곳도(미국) 있다. Anwar Shaikh, "Who Pays for the 'Welfare' in the Welfare State? A Multicountry Study", Social Research, Vol. 70, No. 2(Summer 2003), p.538

22  양재진, 앞의 글.